AF720795

Lothar Trolle:
Heimatland. Texte 1,
herausgegeben und mit einem Nachwort von Jan Hein

Gestaltung: Natasha Agapova

© und Aufführungsrechte: henschel SCHAUSPIEL
Theaterverlag Berlin GmbH
© 2025 die Autoren und Spector Books, Leipzig

Erschienen im Verlag:
Spector Books Verlagsgesellschaft mbH
Harkortstraße 10
04107 Leipzig
www.spectorbooks.com

Der Verlag dankt henschel SCHAUSPIEL Theaterverlag Berlin für die freundliche Unterstützung.

Vertrieb
Deutschland, Österreich:
GVA, Gemeinsame Verlagsauslieferung
Göttingen GmbH&Co. KG,
www.gva-verlage.de
Schweiz:
AVA Verlagsauslieferung AG,
www.ava.ch

1. Auflage
Printed in Germany
ISBN 978-3-95905-637-3

LOTHAR TROLLE

HEIMATLAND
TEXTE 1

HERAUSGEGEBEN
UND MIT EINEM NACHWORT
VON JAN HEIN

HEIMATLAND

Gestern hat eine überraschende Aktion gegen Kommunisten in der Umgebung eingesetzt die zu einem großen Erfolg geführt hat zu danken ist dies unserer SA und ihrer ausgezeichneten Führung ohne das energische und zugleich umsichtige Zupacken des Sturmbannführers Bertram wäre das Treiben der Gesellen noch lange unaufgeklärt geblieben so daß sie die zersetzenden Umtriebe in aller Beschaulichkeit und Ruhe hätten fortsetzen können wenn man erlebt hat wie hier eins in das andere greift und sich aus einer Winzigkeit heraus eine Aktion abrollt an dessen Ende 13 Kommunisten verhaftet sind so muß man sich wundern daß nicht schon längst diese Leute hinter Schloß und Riegel sitzen wir wollen aber auch nicht vergessen daß sehr heimlich gearbeitet wird und damit kommen wir wieder auf die umsichtige Führung des Sturmbannführers zurück vor wenigen Tagen war gemeldet worden daß von einem Arbeiter in Tilleda der Ausdruck gefallen war ROT FRONT LEBT NOCH sofort wurden SA-Beobachtungsposten eingestellt die ihrerseits nun feststellten daß ein Radfahrer die in Tilleda aus früherer Zeit bekannten Kommunisten der Reihe nach besuchte und sie offenbar mit Drucksachen versorgte das war der Anlaß gestern Mittag eine ausgesuchte SA-Mannschaft zu alamieren die mit Motorrädern und zwei Automobilen nach Tilleda fuhren um dort zu je zwei bis vier Mann überraschende Haussuchungen vorzunehmen das Ergebnis war zunächst gleich Null ich befand mich mit dem Oberscharführer Schar in der Wohnung des Schuhmachers Hagedorn der selbst nicht anwesend war nach langem vergeblichen Durchsuchen aller Behältnisse wurde in der Handtasche der Frau die selbstverständlich vorher von nichts eine Ahnung hatte das Mitgliedsbuch der KPD sowie eine aus dem Mai 1933 stammende Drucksache gefunden die bezeichnet war als Agitationsbrief Nummer 2 Hagedorn wurde dann von seiner Arbeitsstelle geholt und aus dem Verhör bei der Gegenüberstellung mit vier anderen stellte sich heraus die kommunistische Organisation in Tilleda besteht noch immer und die Beitragsmarken wurden bis vor vierzehn Tagen regelmäßig eingelöst an wen das Geld weitergegeben wurde wußte angeblich niemand aber mit der Zeit war man bei entsprechender Nachhilfe doch schon soweit gekommen daß man hörte es sei ein Genosse aus Kelbra sofort ordnete Sturmbannführer Bertram die Weiterfahrt nach Kelbra an auf Grund einer Liste sämtlicher früherer KPD-Angehörigen wurde gleichzeitig bei diesen eine Haussuchung vorgenommen jedoch außer Schriften die noch vor der Verbotszeit erschienen waren und außer großen Mengen Abziehpapier wurde nichts Belastendes entdeckt durch das Verhör kam man aber wieder einen Schritt weiter und machte die Feststellung daß der Hauptkassierer ein Arbeiter Gerlach ist der aber rechtzeitig gewarnt worden und geflüchtet war die Kelbraer Kommunisten wurden deshalb in Schutzhaft genommen und werden solange festgehalten bis Gerlach gefaßt ist unter ihnen befindet sich auch der frühere Provinzial-Abgeordnete Schröter ein ganz verstockter Bursche aus dem absolut nichts herauszuholen war die Namen der Übrigen sind neben dem bereits erwähnten Hagedorn dessen Bruder seit Jahren bei der Reichswehr ist die Arbeiter Berger Ortsgruppenführer der KPD Weißbrot Koch und Zunkel aus Kelbra neben Schröter Unterkassierer Röder ferner Rockstroh Rehberg Georgi Henning Metze und Karl Mayer eine große Menschenmenge hatte sich vor dem Amtsgericht in Kelbra gestaut als am späten Abend Befehl zur Weiterbeförderung nach Sangerhausen gegeben wurde Sturmführer Wilhelm ließ die 13 Gesellen antreten und teilte ihnen mit wie sie sich auf der

Fahrt zu verhalten haben insbesondere daß bei jedem Fluchtversuch scharf geschossen würde während sieben weniger Verdächtige die ihre Tat eingestanden auf einem von der Kleinbahn bereitwilligst zur Verfügung gestellten Lastwagen vorab fuhren wurden die übrigen auf einem besonderen Lieferwagen der Firma Jäger verfrachtet um nun mit starker Bewachung und unter vollem Scheinwerferlicht des nachfolgendem Sturmwagens die Reise anzutreten unterwegs wurde noch einmal versucht sie zu einem Geständnis zu bewegen was jedoch mit keinem Mittel gelang in Sangerhausen war ebenfalls bei der Ankunft vor dem Parteilokal Bruder sehr schnell ein Menschenauflauf entstanden in einem Sonderraum des Lokals nahmen die Kommunisten Aufstellung und erhielten hier von dem Sturmführer Wilhelm die erste Instruktionsstunde ihres Lebens die ihnen wirklich einen kleinen Begriff des Nationalsozialismus gegeben haben mag der frühere Abgeordnete Schröter mußte erzählen wie er zur KPD gekommen war er begründete das recht lebhaft mit der Schilderung der Not der Kriegsjahre und damit daß er damals noch ein Junge in ständiger Angst um den Tod seines vor Verdun kämpfenden Vaters gelegen habe Sturmführer Wilhelm fand auf die einzelne Punkte die jeweils richtige Antwort und stellte am Schluß fest daß keiner der 13 behaupten könne auch nur ein Bruchteil von dem erfüllt bekommen zu haben was der Kommunismus ihnen versprochen habe ein anderer mußte schildern wie er in den Besitz des EK I. gekommen war wer diese Schilderung gehört hat kam zu der unbedingten Überzeugung daß dieser Mann dieser der nationalen Idee nicht verloren ist wenn er in die richtigen Erziehungshände kommt er begeisterte sich geradezu bei seiner anschaulichen Schilderung und gab zu daß er auf seine damalige Leistung noch heute stolz ist die Verhafteten wurden

ausreichend mit Brot und Wurst (letzteres hätte es im umgekehrten Fall wohl kaum gegeben) verpflegt und ihnen dann im Pferdestall ein Strohlager bereitet es ist beabsichtigt sie mit Pflichtarbeiten zu beschäftigen bis über ihr zukünftiges Schicksal entschieden ist es besteht jedoch darüber kein Zweifel daß die Hauptschuldigen in ein Konzentrationslager kommen wo dafür Sorge getragen wird daß die Ideen die Sturmführer Wilhelm in großen Zügen den Leuten beizubringen bemüht war Wurzeln fassen und bleibendes Geistesgut werden sie werden dort Gelegenheit haben ihren Genossen Beck wiederzusehen der seit acht Wochen im hiesigen Polizeigefängnis sitzt und wie wir hören heute ins Konzentrationslager überführt werden soll bei der Abgabe der Gegenstände die die Genossen bei sich trugen kam übrigens eine interessante Uhr zum Vorschein das Zifferblatt trug in der Mitte einen großen Sowjetstern die Zeiger hatten die Form von Hammer und Sichel neben dem Bild Lenins lief ein mit dem Sekundenzeiger verbundener Streifen der ständig die Worte nacheinander aus einem Schlitz heraus lesbar werden ließ PROLETARIER ALLER LÄNDER VEREINIGT EUCH nachdem diese Uhr von dem Besitzer dem Sturmbannführer Bertram zum Geschenk gemacht worden war zeigten die 13 daß sie nationalsozialistische Kampflieder sehr gut beherrschten es war jedenfalls sehr weithin zu hören als sie gemeinsam das Horst-Wessel-Lied sangen und jenes andere in dem vorkommt DIE-ROTE-FRONT-SCHLAGT-SIE-ENTZWEI zunächst hat also Sangerhausen ein kleines KZ bekommen SA-Leute übernehmen die ständige Wache für sonstige Disziplin und sportliche Ausbildung wird Sturmbannführer Bertram schon sorgen Sangerhausen den 11. August 193 …
(O WALD! O SCHATTEN GRÜNER GÄNGE! / GELIEBTE FLUR VOLL FRÜHLINGSPRACHT! /

MICH HAT VOM STÄDTISCHEN GEDRÄNGE / MEIN GÜNSTIG GLÜCK ZU EUCH GEBRACHT: / WO ICH, NACH UNRUHVOLLEN STUNDEN, / DIE RUHE, DIE DEM WEISEN LACHT, / IM SCHOOSSE DER NATUR GEFUNDEN. // O SEHT, WIE ÜBER GRÜNE HÜGEL / DER TAG, BEKRÄNZT MIT ROSEN, NAHT! / IHN KÜHLEN ZEPHYRS LINDE FLÜGEL: / VOM THAU GLÄNZT SEIN BEBLÜMTER PFAD. / WIE TAUMELT FLORA DURCH DIE TRIFTEN! / DIE LERCHE STEIGT AUS TRUNKNER SAAT, / UND SINGT IN UNBEWÖLKTEN LÜFTEN. // DORT, WO IM SCHATTEN SCHLANKER BUCHEN / DIE QUELLE ZWISCHEN BLUMEN SCHWÄTZT, / SEH ICH DIE MUSE MICH BESUCHEN, UND WERDE DURCH IHR LIED ERGETZT ... // AUF BLÜHENDER AUE KRÄFTIG ERGLÄNZEN DIE WECHSELNDEN FARBEN, / ABER DER REIZENDE STREIT LÖSET IN ANMUT SICH AUF. / FREI EMPFÄNGT MICH DIE WIESE MIT WEITHIN VERBREITETEM TEPPICH, / DURCH IHR FREUNDLICHES GRÜN SCHLINGT SICH DER LÄNDLICHE PFAD. / UM MICH SUMMT DIE GESCHÄFTIGE BIEN', MIT ZWEIFELNDEM FLÜGEL / WIEGT DER SCHMETTERLING SICH ÜBER DEM RÖTLICHEN KLEE, / GLÜHEND TRIFFT MICH DER SONNE PFEIL, STILL LIEGT DER WESTE, / NUR DER LERCHEN GESANG WIRBELT IN HEITERER LUFT ... // FÜR MICH BESTRAHLT DIE SONNE / DIE WÄLDER UND DIE AUEN! FÜR MICH SIND DIESE SCHATTEN / SO KÜHL, UND DIESE RASEN / SO SANFT, UND DIESE QUELLEN / SO REIN, UND JENE THÄLER / SO LIEBLICH ANZUSEHEN. / FÜR MICH BIST DU, O ROSE! DIE KÖNIGIN DER BLUMEN; / FÜR MICH BIST DU, GEWÖLBE / DES HIMMELS,

AUFGERICHTET; / FÜR MICH GLÄNZT IN DEM WASSER / DER MOND, WIE HELLES SILBER ; / FÜR MICH SINGT DIE SIRENE / DES WALDS IHRE LIEDER ... ICH RÜHME MIR / MEIN DÖRFCHEN HIER! / DENN SCHÖN'RE AUEN, / ALS RINGS UMHER / DIE BLICKE SCHAUEN, / BLÜHN NIRGENDS MEHR. / WELCH EIN GEFILDE, / ZUM SCHÖNSTEN BILDE / FÜR DIETRICH'S HAND! / HIER FELSENWAND, / DORT ÄHRENFELDER / UND WIESENGRÜN, / DEM BLAUEN WÄLDER / DIE GRENZEN ZIEHN! / AN JENER HÖHE DIE SCHÄFEREI, UND IN DER NÄHE / MEIN SORGENFREI! / DORT KRÄNZEN SCHLEHEN / DIE BRAUNE KLUFT, / UND PAPPELN WEHEN / IN BLAUER LUFT. / MIT SANFTEN RIESELN / SCHLEICHT HIER GEMACH / AUF SILBERKIESELN / EIN HELLER BACH; / FLIESST UNTER ZWEIGEN, / DIE ÜBER IHN / SICH WÖLBEND NEIGEN, / BALD SCHÜCHTERN HIN; LÄSST BALD IM SPIEGEL / DEN GRÜNEN HÜGEL, / WO LÄMMER GEHN, / DES UFERS BÜSCHCHEN / UND ALLE FISCHCHEN / IM GRUNDE SEHN, / DA GLEITEN SCHMERLEN / UND BLASEN PERLEN. / IHR SCHNELLER LAUF / GEHT BALD HINNIEDER, / UND BALD ...) aus welchem Anlaß an wen gerichtet in welcher Lautstärke usw ... im August 1933 in Tilleda gesagt worden ist daß ROT FRONT noch lebe läßt sich heute nur schwer bestimmen ich soweit ich Tilleda kenne kann mir vorstellen es passierte nach einem dieser Dorftänze die in Tilleda fast im Wochenrhythmus stattfanden und beinahe regelmäßig in Schlägereien endeten an einen dieser Dorftänze erinnere ich mich genau wir von der Jugend(fußball)-mannschaft des Nachbardorfes hatten auf der Rückfahrt vom Spiel in ... in Tilleda einen Zwischenstopp eingelegt und standen nun in den Händen das obligatorische Glas Bier im Festsaal der GOLDENEN GABEL (ja, jenem Etablissement in dem Goethe in der Nacht vom 31. Mai zum 1. Juni 1776 übernachtet hatte, bevor er dann am nächsten Tag die Ruine der Kyffhäuser Burg besichtigt hatte) in Thekennähe hinter uns wurde getanzt wir alkoholisiert wie wir waren lallten vor uns hin und so würde es weitergehen bis es draußen hell werden würde doch da wurde hinter uns in der tanzenden Menge aufgeschrien im nächsten Augenblick sagte einer von uns „Wir müssen hier weg!" und wir mit unseren Biergläsern flüchteten auf die Galerie des Festsaals und kuckten nun von oben auf diese (wogende) Masse aus Körpern die sich da unten auf der Tanzfläche in sich verkeilt hatte aus der hin und wieder eine Faust hochfuhr und dann nach unten sauste in der dumpf aufgestöhnt wurde und ab und zu das Weiß eines Gesichts auftauchte schon möglich daß nach solch einer Veranstaltung wenn sich dann alles wieder beruhigt hatte man vor der Kneipe auf dem Dorfplatz in gebührendem Abstand in Grüppchen herumstand die Pöbeleien aber weitergingen von einem den es an diesem Abend besonders getroffen hatte die Bemerkung (gegen ihn der an diesem Abend sich als der vermeintlich Stärkere erwiesen hatte) gemacht wurde daß sie die eigentlich nicht mehr existieren sollten doch noch lebten ES WURDEN SA-BEOBACHTUNGSPOSTEN AUFGESTELLT unter den Arbeitslosen des Sommers 1933 wird es nicht schwer gewesen sein Bereitwillige zu finden die an den Vormittagen den Nachmittagen öfter als sonst vor die Haustür das Tor treten und sich umkucken ob es da auf der Dorfstraße nicht doch etwas zu sehen gibt das sich lohnt weiterzumelden DIE NUN IHRERSEITS FESTSTELLTEN DASS EIN RADFAHRER DIE IN TILLEDA AUS FRÜHERER ZEIT BEKANNTEN KOMMUNISTEN DER REIHE

NACH BESUCHTE 1933 war es nun schon fast 50 Jahre her daß in Deutschland die organisierte Arbeiterschaft illegal agieren mußte derjenige der da auf seinem Fahrrad nach Tilleda gekommen war hätte bestenfalls von seinem Großvater erfahren können was es heißt illegal zu sein „Illegal, mein Junge, das heißt, du mußt immer davon ausgehen, die Fenster haben Augen und die Türen der Nachbarwohnungen Ohren und jede Haus, – bzw. Straßenecke kann für dich ein Hinterhalt sein! Und wenn du nun schon mit deinen Kumpels etwas besprechen mußt denn laß auf keinen Fall dein Fahrrad draußen auf der Straße vor der Haustür oder dem Haustor stehen. Da kannst du dich gleich auf die Straße stellen und laut rufen ich bin jetzt bei und wir besprechen und die Frage mußten wir noch klären und das was ich übergeben sollte habe ich ordnungsgemäß übergeben und als nächstes fahre ich dann zu …! Junge wenn ihr Illegalen euch unbedingt kontaktieren müßt dann trefft euch auf den Bahnsteigen von Bahnhöfen in Abfallkorbnähe und stellt euch zwischen all denen die da auf die Ankunft eines Zuges warten an einen Abfallkorb und Motto wann kommt denn nun endlich mein Zug müssen Züge immer Verspätung haben glotzt stumpfsinnig vor euch hin bis der andere des Treffs sich so dicht dem Abfallkorb genähert hat daß es nun nicht weiter auffällt wenn er während er etwas Zerknittertes in den Abfallkorb wirft dem anderen zuflüstert: ‚Der Offsetdrucker muß außer Haus!' oder ihr zieht euch Sonntagsanzüge an und mischt euch sonntags mit Schlips und Kragen und mit Klampfen unter die Spaziergänger. Ihr kennt doch hoffentlich genug Lieder, bei denen man, zieht man dann singend durch die Landschaft, zwischen den einzelnen Strophen Pausen einlegen kann, um sich etwas zu zuflüstern: ‚Das Wandern ist des Müllers Lust, das Wandern, das Wandern …

Wir brauchen neues Abziehpapier!‘ HAGEDORN hieß in Tilleda nur eine Familie die Hagedorns wohnten in einer der Katen gleich am Ortseingang die schmalen Vorgärten der Häuser reichten bis zum Gehweg hinter den Häusern war dann bestenfalls noch ein kleiner Hof mit einem Schuppen doch dann fingen bereits die Felder an als wir Kinder einmal mit unseren Fahrrädern in Tilleda einfuhren stand in der offenen Vorgartentür von Hagedorns eine graugekittelte Frau beim Näherkommen konnte man sehen sie da vorn in der Gartentür registriert genauestens unser Kommen doch als wir dann noch näher kamen drehte sie sich um und ging zurück ins Haus von einem PROVINZIAL-ABGEORDNETEN SCHRÖTER war auch auf den Veranstaltungen des VVN-Komitees Sangerhausen die ich mit meinem Großvater besuchte nicht die Rede aber einmal saß an der langen Tafel der VVN-Weihnachtsfeier uns gegenüber ein Herr Henning aus Kelbra als er aufstand und mit seinem Enkel nach vorn ging das Weihnachtsgeschenk des Enkels abzuholen konnte man sehen daß er stark gehbehindert war aber es hieß er wäre noch immer in Thüringen Bürgermeister PAUL BECKS Todesjahr (im KZ Lichtenburg) wurde auf das Jahr 1934 datiert die Straße die man in Sangerhausen nach ihm benannt hatte heißt heute wieder ALTE MAGDEBURGER STRASSE das PARTEILOKAL BRUDER lag am Sangerhäuser BONIFATIUSPLATZ und wurde später wieder in Bonifatiusstuben unbenannt die Bonifatiusstuben waren bis zu ihrer Schließung einer von den Kneipen in denen nur Bier Kaffee und Bockwurst angeboten wurde sie schloß bereits 18 Uhr und wurde hauptsächlich besucht von Kumpels des Thomas-Müntzer-Schachts wenn die auf dem Weg von der Frühschicht nach Hause noch einmal in den Bonifatiusstuben einkehrten da man in dem Stockwerk über der Kneipe zwei Umsiedlerfamilien einquartiert hatte war der frühere Pferdestall auf dem Hof bald umfunktioniert in einen Holz, – bzw. Kohleschuppen für die beiden Familien bzw. als Unterstellmöglichkeit für deren Fahrräder bzw. Handwagen was man in Sangerhausen als Bonifatiusplatz bezeichnet ist eigentlich nur eine schmale (von zwei Baumreihen bewachsene) Freifläche, die sich bildet, da von der HÜTTENSTRASSE (eine der Ausfahrtstraßen der Stadt) vor einer Kurve der TÖPFERWEG rechts abbiegt und eine Strecke parallel zur HÜTTENSTRASSE verläuft (der TÖPFERWEG selber endet dann bei einer der Stellflächen der FIRMA JÄGER einem Fuhrunternehmen zu dem auch eine Fahrschule gehörte in ihr habe ich in einem Sommer die Fahrerlaubnis Klasse I (Motorräder) bestanden) da unter seinen Bäumen nicht einmal Bänke stehen liegt der BONIFATIUSPLATZ meist leer und verlassen und wird nachts nur beleuchtet von dem Scheinwerferlicht der Autos die über die HÜTTENSTRASSE stadtauswärts fahren und so wird es auch an diesem Abend (als schließlich kein Mensch mehr vor dem Parteilokal Bruder herumstand alle die sich da versammelt hatten nach Hause gegangen waren und auf dem BONIFATIUSPLATZ nur (leise) zu hören war wie auf dem Hof in den Pferdeställen von Bruders Parteilokal gesungen wurde (DIE ROTE FRONT SCHLAGT SIE ENTZWEI bzw ...) in der Gegend des BONIFATIUSPLATZES bestenfalls ein einsamer Fußgänger unterwegs gewesen sein, der da (ohne von dem Gesang weiter Notiz zu nehmen) von der HÜTTENSTRASSE aus über den BONIFATIUSPLATZ gegangen sein wird (und dann weiter über den TÖPFERWEG) wie heute Abend (da ich an der Bushaltestelle HÜTTENSTRASSE stehe und auf den Bus nach ... warte) er (der knapp Fünfzigjährige) der da (ganz mit sich beschäftigt und ohne einen Blick zu werfen auf ...)

als einsamer Fußgänger die HÜTTENSTRASSE kommt jetzt rechts abbiegt und eine Strecke unter den Bäumen des BONIFATIUSPLATZES geht, jetzt den TÖPFERWEG erreicht hat und nun vorbeigeht an dessen Hauseingängen und jetzt erneut rechts abbiegt und nun weitergeht nach unten zur PFAFFENMÜHLE …

BRUNO

CHOR: Bruno war als sog. Spätaussiedler im Spätherbst 1949 aus Ostpreußen zu uns gekommen wenn nicht sogar aus dem Memelland unser Klassenlehrer Herr Ertel setzte ihn erst einmal nach hinten in die letzte Bank unsere Klasse 4A das waren damals über 50 Schüler ein buntgemischter Haufen aus Einheimischen und Flüchtlingskindern Bruno war schmächtig und fast einen Kopf größer als wir anderen kam das davon daß er schon etwas älter war als wir das erfuhren wir nie genauso wie wir nie erfuhren woher sie nun eigentlich gekommen waren Bruno fiel zunächst dadurch auf daß er sich an unserem Unterricht in keinster Weise beteiligte was da in unserem Unterricht passierte schien ihn überhaupt nichts anzugehen und Bruno war leise nie hörte man ihn etwas sagen nie beteiligte er sich an irgendwelchen von unseren Gesprächen und auch unser Klassenlehrer Herr Ertel behandelte ihn mit größter Nachsicht als hätte er Angst Bruno zu verletzten oder gar zu verstören und nicht zu übersehen war Bruno war deutlich ärmer als wir anderen er hatte weder Vater noch Geschwister weder Oma noch Opa oder andere Verwandte mit Familienname hieß Bruno Szilla Szilla was soll denn das erst diese S und gleich dahinter dann dieses Z Szilla der reinste Zungenbrecher den man also nun wie ausspricht da Bruno und ich den gleichen Schulweg hatten schlunzten wir nachdem wir im Keller unsere Schulspeisung geschlürft hatten meist eine Gemüse- oder Puddingsuppe die eine von den weißbekittelten Küchenfrauen durch eine Luke in der Küchentür mit einer Schöpfkelle in unsere von zu Hause mitgebrachten Emailletöpfe gefüllt hatte an unseren Ranzen die Töpfe durch die Lengefelder Straße nach Hause und hatten wir unter der kalten Wasserleitung unsere Töpfe nicht gründlich ausgewaschen tropften aus den Töpfen Reste von den Suppen auf unsere Jacken unsere Hosen und manchmal wenn es geregnet hatte war die

Lengefelder Straße schlammig und voller Pfützen und wir mußten um keine nassen Füße zu bekommen über die Steine balancieren die man für diesen Zweck auf der Lengefelder Straße ausgelegt hatte und manchmal nach längerem Regen stand in der Lengefelder Straße noch wochenlang das Wasser in der Straße und es stank und stank angekommen vor der Malzfabrik mußten wir uns dann trennen ich war zu Hause aber Bruno mußte noch weiter er wohnte in der sogenannten Schifffahrt dort wo in einer tiefen Senke an einem ungepflasterten Weg die Jackelmühle lag da Bruno und ich uns die Fibel einem alten zerfledderten Lesebuch teilen mußten machte auch ich mich manchmal auf den Weg zur Jackelmühle aber Bruno erwartete mich da immer bereits oben an der Wegkreuzung bestimmt war ihre Stube noch kleiner als unsere und für Besuch kaum geeignet wie gesagt Bruno sprach wenn er sprach nur ganz leise aber das war nicht Schüchternheit und Bruno war auch nicht gehemmt und es war auch nicht so daß er sich nicht traute laut zu sein es war einfach seine Art laut zu reden war für Bruno einfach nicht erforderlich war Bruno intelligent bestimmt war Bruno intelligent Bruno war sogar mehr als intelligent betrachte ich heute unser Klassenfoto ist es er der mit hellem freundlichen Gesicht in die Kamera kuckt nie habe ich erlebt Bruno wird laut oder streitet oder prügelt sich mit jemand herum aber auch von uns kam es keinem darauf an sich mit Bruno anzulegen seine Zurückhaltung seine Bescheidenheit ja Bruno war uns in allem überlegen kam das weil ihre Verhältnisse so bescheiden waren und sie waren tatsächlich biblisch arm z.B. Brunos Jacke Brunos Jacke war eine bunte Herbstlandschaft aus roten gelben braunen Flicken angenäht mit großen Stichen mal kurz mal lang aber keineswegs stümperhaft gesetzt nein nein nein ganz offen kräftig und zielgenau waren diese Stiche gesetzt allerdings ein Schneider hatte hier nicht seine Spuren hinterlassen und unterschiedlicher als an Brunos Jacke die eigentlich eine Joppe war können an einer Jacke die Knöpfe nicht sein an Brunos Jacke oder Joppe die Knöpfe waren groß waren klein waren hell waren dunkel und einer war sogar überzogen von Samt und doch gab es nichts was besser zu Bruno paßte als seine Joppe und so verschwendete Bruno auch keinen einzigen Gedanken an seine Joppe sie hielt warm und erfüllte so ihren Zweck war Bruno klug war er weniger begabt als wir woher sollten wir das wissen da sich Bruno nicht an unserem Unterricht beteiligte und offensichtlich war es Absicht daß auch unser Klassenlehrer Herr Ertel Bruno nie 'ran nahm ihn nie nach vorn zur großen schwarzen verschieb- und umklappbaren Wandtafel rief und wenn Bruno sich auch nie meldete nie wie wir wenn wir etwas wußten mit den Fingern schnippte schien er sich trotzdem während des Unterrichts nicht zu langweilen Bruno beobachtete ohne Nachbarn ohne Nebenmann saß Bruno still in seiner letzten Bank und beobachtete und hinter ihm war dann nur noch die im Winter eiskalte Außenwand unseres wegen Kohlemangels nur dürftig beheizten Klassenzimmers nicht daß Bruno und ich uns viel zu sagen hatten aber auf unseren Heimwegen schwatzen wir und schwatzten war Bruno neidisch wünschte er sich wenigstens eine bessere Joppe aber warum seine Joppe war von seiner Mutter sie hielt warm und das genügte und da waren ja auch noch Brunos Schuhe Brunos Schuhe das waren schwere Holzpantinen mit dicken Holzsohlen wie sie Bauern bei der Arbeit tragen und in die man schlüpfen mußte wie in einen Pantoffel aber Bruno in seinen Holzpantinen bewegte sich genauso flink wie wir in unserem besseren Schuhwerk Brunos Zurückhaltung an ihm das Einfache seine Vorsicht die nichts zu tun hatte mit Feigheit das kam woher und da waren ja auch noch seine

Hände seine derben und schon recht männlichen Hände die nicht in Einklang zu bringen waren mit seiner übrigen Gestalt es waren Hände die mußten schon einmal schwer gearbeitet haben sie waren gesund durchblutet und benötigten trotz der winterlichen Kälte keine Handschuhe und als Bruno uns bereits nach wenigen Monaten wieder verließ konnte keiner sagen warum und wohin es ihn und seine Mutter nun verschlug bevor dann dieser schöne Sommer kam …

TORSTEN

LITHIUM IST MEHR ALS EIN MEDIKAMENT, ÜBRIGENS ÖFTER VERABREICHT ALS MAN DENKT. LITHIUM, DAS IST AUCH EIN UNBESTECHLICHER SPIEGEL, KUCKT NUR HINEIN IN DIESEN SPIEGEL, EIN GESICHT WIRST DU NICHT ERKENNEN. IDIOTEN BAUEN SICH LUFTSCHLÖSSER, IN DENEN WOHNEN DANN PSYCHOPATHEN, ABER DIE MIETE, DIE KASSIEREN DANN DIE PSYCHIATER ... da ist ... auf dem Dachboden seines Opas, dicht über seinem Kopf ... DIESES DACHFENSTER ... das schiebt er jetzt, da er auf der Kiste, die er sich zurecht geschoben hat, einen Spalt breit auf und ... kann nun einen Blick nach unten werfen auf diesen Kinderspielplatz da zwischen Opas Haus und dem Haus von den Nachbarn, ... aber was ist da, was ist das, wer schleicht da mit Pfeil und Bogen durchs Gebüsch ... sind das nicht Dakotas, sind das nicht Dakotas, ja, das ist ein Stamm Dakotas und die werden sich gleich mit Geschrei auf diese Bleichgesichter stürzen, die da am Klettergerüst herumlungern und bestimmt noch nicht ahnen was da auf sie zukommt, und da stürzen auch schon die Rothäute auf ihre Todfeinde und schon ist da unten das schlimmste Gemetzel im Gange, sinken immer mehr Bleichgesichter röchelnd zu Boden und schon ertönt das Siegesgeheul der Dakotas huhuhuhuhuhu huhuhu doch da ... doch da ... eines der Bleichgesichter sucht sein Heil in der Flucht, will über den Zaun von Nachbars Garten klettern, will seiner gerechten Strafe entgehen, doch da ist jetzt er zur Stelle, zerrt diesen Feigling vom Zaun, nimmt ihn in den Schwitzkasten und setzt ihm das Messer an die Gurgel, o, dieses Schwein, dieses Schwein soll nicht nur sterben, der soll vorher auch noch leiden, also schneidet er ihm bei lebendigem Leib aus der Brust das Herz und das macht man doch so ... ist das sein Vater, der ihn in diesem Augenblick an die

Schulter packt, ihn („Du Idiot, hier steckst du! Hörst du nicht, wir wollen Abendbrotessen!") ihn von der Kiste zerrt und ... (ABER WO SIND EIGENTLICH MAMA UND PAPA, WOLLTEN WIR NICHT MORGEN NACH POLEN FAHREN? SIND DIE ETWA SCHON WEG, OHNE MICH ABGEFAHREN) aber ein Glück ... durch die offenstehende Wohnungstür kann er es sehen ... Papa und Mama sitzen im Wohnzimmer, kucken Fernsehen ... „Papa, wann fahren wir denn nun nach Polen?" – „Morgen früh", aber was kucken die sich eigentlich da im Fernsehen an ... zu sehen ist etwas Schwarzes, könnte Wasser sein, ... oder ist das Schlamm, ... und da wachsen ja auch Bäume und Gestrüpp ... und was ist denn eigentlich los mit diesem Mann, warum versucht der so krampfhaft sich an einem von diesen Büschen festzuhalten ... aber warum ist der eigentlich bis zur Brust eingesunken in diesem Schlamm ... aber warum sinkt der jetzt ... er schreit doch um Hilfe, schreit, sinkt immer tiefer in diesen Schlamm ... und warum kommt da keiner und hilft ihm ... und jetzt kuckt sogar nur noch sein Kopf aus dem Schlamm ... „Mama, Mama, was ist denn mit diesem Mann im Fernsehen los? Was hat denn der?" – „Der Mann ist vom Weg abgekommen, ist in ein Moor geraten und jetzt sinkt er ein!" – „Mama, gibt es in Polen auch solche Moore?" – „Na, klar." – „Und wenn wir dann in Polen vom Weg abkommen, sinken wir dann auch ein wie dieser Mann." – „Na klar." – „Mama, ich will nicht nach Polen fahren, Mama, lass uns zu Hause bleiben!, Mama, lass uns zu Hause bleiben!" ...) und da ist ... vor dem Haus seiner Großeltern, (diesem einstöckigen Haus mit seinem Vorgarten (und diesem Eisengitter mit den verzierten Spitzen) (hinter dem Haus ist dann der Hof mit Schuppen (früher war es der Hühnerstall, jetzt ist in ihm ... untergebracht, und da sind ja auch noch diese (seit wann eigentlich) leeren Karnickelställe und dahinter ist dann Opas Garten mit den Apfelbäumen, den beiden Birnbäumen und dem Kirschbaum und Omas Gemüsebeeten usw.) diese Dorfstraße aus Katzenkopfpflaster, es ist kurz nach sieben und seine Eltern sind noch beschäftigt, das Gepäck im Kofferraum ihres Autos zu verstauen, er steht abseits vom Auto an der Straße (GLEICH GLEICH WERDEN SEINE ELTERN FERTIG SEIN MIT DEM EINPACKEN UND DANN GEHT ES LOS NACH POLEN), aber er will nicht nach Polen fahren, er will nicht nach Polen fahren, da sieht er wie auf der Straße ein Auto immer näher kommt, er will nicht nach Polen fahren, da ist das Auto nun ganz nahe, ist jetzt fast mit ihm auf gleicher Höhe und er… („Junge zurück! Junge, zurück! Oder soll dich das Auto überfahren! Junge…!") … und da ist (hinter Opas Schuppen das Stück Auslauf, das Opa im Garten für seine Hühner eingezäunt hat) und da sind Opas Hühner und wenn er nun (das soll ruhig hysterisch mit den Flügeln schlagen) eines der Hühner an den Füßen packt und mit ihm in den Händen sich im Kreis dreht, sich dreht, sich noch einmal dreht, noch einmal… und nun noch einmal und das Tier dann loslässt, fliegt das ein Stück durch die Luft und wenn es dann auf die Erde plumpst, bleibt es zunächst einmal reglos liegen, rappelt sich aber dann wieder auf und versucht davon zu laufen, kippt aber nach wenigen Schritten nach vorn über, rappelt sich wieder auf, läuft weiter, kippt wieder vorn über, läuft weiter bis es… und da ist (oben im ersten Stock ihres Hauses (wo auch sein Zimmer ist) diese Tür und vor der steht dann dieser Wäschekorb, und was hatte ihm erst neulich der Opa (der sitzt jetzt wieder wie gestern, (als er vor den anderen vom Abendbrottisch aufgestanden war) unten im Wohnzimmer und kuckt Fernsehen (und als er ihm gestern dann von der Wohnzimmertür aus zugerufen hatte „Gute Nacht, Opa!", hatte der nicht geantwortet,

sondern weiterhin Fernsehen gekuckt) und hatte dabei laut geflucht: „Scheißrussen! Dieses Kommunistenpack!“) eingeschärft „Junge, diese Tür bleibt zu!“, doch er (Was versteckt sich hinter dieser Tür, die kleiner ist als die anderen Türen im Gang oben im ersten Stock? Wer versteckt sich da? Etwa Winnetou persönlich? Oder sitzt da drin ein alter eisgrauer Mann am Tisch, stützt sein Gesicht auf seine Hände und sein weißer Bart reicht ihm bis zum Boden, während er seine Zaubereien veranstaltet, „Schön Hühnchen, schön Hähnchen, und du bunte Kuh, was sagt ihr dazu!“ … schiebt er (vorsichtig, vorsichtig, aber dem Opa ist ja bis jetzt nichts aufgefallen, also wird er auch in Zukunft nichts merken) den Wäschekorb noch ein Stück weiter weg von der Tür, und noch ein ganz kleines Stück … und da ist oben auf der Treppe ihres Hauses die Oma, die ihn (er auf dem Rücken das Schulzeug, ist schon auf der Straße, muss zur Schule) oben von der Eingangstreppe ihres Hauses zurückruft („Komm nochmal her, Großer!“) und ihn oben auf der Treppe erwartet, ihm, als er dann bei ihr ist, den Kopf zurecht dreht, sich auf die Finger spuckt und ihm irgendwelchen Schmutz aus dem Gesicht wischt … (OPA, WIE VERDRISCHT MAN EINEN JUNGEN, DER VIEL ÄLTER UND VIEL GRÖSSER IST ALS MAN SELBER?“ – „GANZ EINFACH, DU HAUST IHM ALS ERSTES DEINE FAUST IN DIE EIER, UND WENN ER DANN VOR SCHMERZ ZUSAMMENSACKT, ER ALSO MIT SEINEM OBERKÖRPER DEINEM KNIE ENTGEGENKOMMT, HAUST DU IHM DAS KNIE MIT VOLLER WUCHT IN DIE FRESSE.
DU WIRST SEHEN, DAS KLAPPT IMMER, DAS KLAPPT IMMER … und da ist dieser Nachmittag (es ist kurz nach fünf) und da ist (oben im ersten Stock ihres Hauses) wieder diese Tür (und vor ihr dieser Wäschekorb, und da ist er (der aufgehört hat, seine Schularbeiten

zu erledigen, der da schon längst von seinen Schularbeiten aufgestanden ist, nun keine Schularbeiten mehr erledigt) und der nun („Junge, alles darfst du, nur … “) (und wenn ich den Wäschekorb nun doch ein weiteres Stück beiseiteschiebe, Opa hat bis jetzt nichts bemerkt, also wird er auch … und außerdem, Opa ist noch immer unten auf dem Hof und unterhält sich mit dem Nachbarn, und jetzt lachen die beiden sogar gleichzeitig auf, sie haben also beste Laune, also, also, trau dich schon, trau dich schon, o, sie ist ja nicht einmal abgeschlossen, diese Tür, von der du die Hände lassen solltest, o, dunkel ist es hier, aber Licht machst du besser nicht, was ist denn nun in dieser Rumpelkammer, das ich nicht sehen sollte, Blechsoldaten in einem Karton bis oben hin, und was ist hier, ein Karton mit Fotos, Fotos, und wer ist hier in dieser Uniform, dieser schwarzen Uniform und Stiefeln, der sich hier vor dieser Holzhütte mit Strohdach hat fotografieren lassen, etwa Opa, ja, das kann nur Opa sein, und was hat denn Opa hier in dieses Ölpapier gewickelt … ein Dolch … ein Dolch … und was steht denn auf der Klinge. „Meine Ehre die … “ und was ist denn das hier … und das hier … und das hier … ( ) und da ist (NICHT WEIT VON DIESER EISENBAHNBRÜCKE (AUF SIE FÜHRT DIESER TRAMPELPFAD, DEN DIE AUS DER BARACKE, AUF IHREM WEG ZUR ARBEIT (ALS ABKÜRZUNG) IN DIE FELDER GETRETEN HABEN) LINKS DIE SCHORNSTEINE DES KRAFTWERKS, WEITER WEG (BEREITS AM HORIZONT) DIE SCHORNSTEINE DER BRIKETT-FABRIKEN) UND HINTER DER EISENBAHN-BRÜCKE ERREICHT MAN DANN DIE STRASSE INS WERK, DIE FRÜHER VIELLEICHT EINE RICHTIGE LANDSTRASSE WAR, LINKS RECHTS MIT BIRNBÄUMEN, BIRKEN, ABER JETZT FÜHRT SIE VORBEI AN DER UMZÄUNUNG DES

WERKS, PLANKEN AUS BRÜCHIGEM HOLZ, BACKSTEINMAUERN ... GESICHT DER FABRIK / KEIN URWALD, DER IM WIND DER JAHRESZEITEN RAUSCHT / WO SIND DIE BÄUME, VOLL VON TIEREN? / HIER RAUSCHEN FLÜSSE OHNE NAMEN IN SANDLOSEN RÖHREN / WASSER STÜRZEN DARIN, KATARAKTE VON WASSER / WASSER OHNE FISCHE / DIE STEINE WERDEN NICHT GESCHÜRFT ZU SAND / GEWÄCHSE KÖNNEN NICHT IM GRUNDE STEHN / UND OBEN WEHN IM WIND. / OH, DIESE NEUE ERDE OHNE GRÜN ...)) diese, ihre Dorfstraße, und auf der Dorfstraße dieses Geschrei („Das muss doch herauszukriegen sein, wer das gemacht hat. Eine Angelschnur quer über die Straße zu spannen. Da kann man nur froh sein, dass da keiner mit seinem Fahrrad gekommen ist oder auf dem Moped, wie eben der ABV. Warst du das etwa Junge, warst du das, hast du die Angelschnur quer über die Straße gespannt!" ... und da ist auf dem Schränkchen im Wohnzimmer (gleich neben dem Fernsehapparat) Omas Nähkästchen und Oma hat bestimmt in ihrem Nähkästchen genug Sicherheitsnadeln mit denen er diesen Fetzen Stoff, den er bei seinem Besuch in Opas Gerümpelkammer an sich genommen hat, diese rote Armbinde mit dem weißen Kreis und im weißen Kreis ist dann dieses ... HEIL HITLER! HEIL HITLER! HEIL HITLER! die er an seinem rechten Arm befestigen kann. OPA HEIL HITLER! OPA HEIL HITLER! OPA MEINE EHRE HEISST (so stehts doch auf deinem Dolch, der jetzt mir gehört), aber gleich muss er losgehen, ich will ja nicht zu spät zur Schule kommen, und ist heute früh nicht Fahnenappell, da bin ich gleich mit meiner neuen Armbinde am richtigen Platz HEIL HITLER OPA! HEIL HITLER! OPA, ICH WAR ES, DER DIE ANGELSCHNUR ÜBER DIE STRASSE GESPANNT

HAT, OPA. ICH WAR ES, DER DIE ANGELSCHNUR ÜBER DIE STRASSE GESPANNT HAT, NUR SCHADE, DASS ES UNSEREN ABV NICHT ERWISCHT HAT, HITLER! HEIL HITLER! HEIL HITLER! HEIL HITLER! HEIL HITLER! HEIL HITLER! HEIL HITLER UND DA IST HINTER DER MAUER DER RUSSENKASERNE DIESES BRACHFELD NUR HIN UND WIEDER EIN STRAUCH UND HOHES GRAS WÄCHST WOHIN ER VIELE NACHMITTAGE MIT SEINEM HANDWAGEN GEZOGEN IST UM KUPFERDRÄHTE LEERE PATRONENHÜLSEN USW. AUFZUSAMMELN DIE ER DANN (UM SIE SPÄTER DEM ALTSTOFFHANDEL ANZUBIETEN) IN SEINEM BAUMHAUS AUF EINEM VON OPAS APFELBÄUMEN BUNKERT UND ER IST GERADE DABEI EIN KABEL KUPFERDRAHT UNTER EINEM BUSCH HERVORZUZIEHEN ALS (OHNE DASS SICH DAS VORHER ANGEKÜNDIGT HATTE) UM IHN HERUM IN DER LUFT EIN JAULEN EINSETZT UM IHN HERUM ERDE HOCHSPRITZT BLITZE ZUCKEN ES GLEICHZEITIG MIT DEN BLITZEN DONNERT WIEDER BLITZT UND DANN ERHÄLT ER VON HINTEN EINEN SCHLAG UND DER IST SO HEFTIG DASS ER NACH VORN FÄLLT (JETZT NUR RUHIG, NUR RUHIG, AUCH WENN DU MERKST, DU BLUTEST IM GESICHT, DIESES KLEBRIGE IN DEINEM GESICHT, WAS SOLL DAS SONST SEIN ALS BLUT) UND NUN WIEDER IMMER WIEDER IMMER WIEDER UND JETZT SOGAR IN KÜRZEREN ABSTÄNDEN SPRITZT UM IHN HERUM ERDE AUF EGAL ER MUSS HIER WEG UND DANN KOMMT TATSÄCHLICH HINTER EINEM GEBÜSCH EIN PANZER HERVORGESCHOSSEN UND FÄHRT DIREKT AUF IHN ZU

ALSO MACHT ER IM LAUFEN KEHRT UND RENNT NUN IN ENTGEGENGESETZTER RICHTUNG WEITER UND JETZT ROLLT AUCH NOCH SEITLICH EIN PANZER AN IHM VORBEI ABER WAS WILL DENN DIESER SOLDAT DA AUF DEM GESCHÜTZTURM WAS VERSUCHT DER IHM ZUZURUFEN WAS RUFT DER IHM ZU ABER ER RENNT RENNT ... UND WAR DAS NUN VOR EINEM WEIHNACHTEN ODER WAR WEIHNACHTEN SCHON VORBEI UND ES GEHT AUF SILVESTER ZU, ALS ER IN IHRER WOHNSTUBE OPA ANSCHREIT: „UND WO SIND MEINE WEIHNACHTSGESCHENKE! WO SIND NUN MEINE WEIHNACHTSGESCHENKE! WO HABT IHR DIE VERSTECKT! ABER OPA BESCHÄFTIGT SICH AUCH WEITERHIN MIT DEM WEIHNACHTSBAUM UND TUT, ALS HÄTTE ER NICHTS GEHÖRT. „OMA, WO HABT IHR MEINE WEIHNACHTSGESCHENKE VERSTECKT, BESTIMMT DRAUSSEN IN DER REMISE, ABER AUCH OMA TUT, ALS WÜSSTE SIE NICHT, VON WAS ER REDET, UND MUTTER LIEGT KRANK IM BETT UND IST NICHT ANSPRECHBAR, UND DA IST ER AUCH SCHON UNTEN IM KELLER BEI OPAS AXT, UND DA SCHLÄGT ER AUCH DRAUSSEN IM HOF MIT DER AXT AUF DIE REMISE UND SCHLÄGT UND SCHLÄGT, IST DA EIGENTLICH NOCH JEMAND, DER DA VERSUCHT, IHM DIE AXT AUS DEN HÄNDEN ZU REISSEN, IST DA EIGENTLICH NOCH JEMAND ... UND WIE LANGE HATTE ER EIGENTLICH IN DIESER NACHT GESCHLAFEN UND DANN IM BETT GESESSEN UND WAR IMMER UNRUHIGER GEWORDEN, WAS IST DENN DRAUSSEN HINTER IHREM HAUS IM GARTEN LOS, DA IST DOCH JEMAND,

DA MACHT SICH DOCH JEMAND IM GARTEN ZU SCHAFFEN UND DA IST ER AUCH SCHON AUF DEN BEINEN UND IST SCHON, IN SEINEN HÄNDEN DEN DOLCH VON OPA, UNTEN IN IHREM GARTEN UND JETZT BRAUCHT ER NUR NOCH EINEN SPATEN, AH, DA LEHNT JA EINER AN DER SCHUPPENWAND UND JETZT GEHTS LOS, EINBRECHER, VERBRECHER, MONSTER, ODER WER DU AUCH IMMER BIST, ICH KRIEGE DICH, WO BIST DU, WO HÄLST DU DICH VERSTECKT, ETWA HIER IM GRAS, DIR WERDE ICH SCHON ... KRIEGT DIESES VIEH EINEN SCHLAG MIT DEM SPATEN AUF DEN KOPF ODER STECKST DU HIER IN EINEM VON OMAS BEETEN, ICH KRIEGE DICH SCHON, ODER HAST DU DICH HIER UNTER EINEM DER STACHELBEERBÜSCHE VERKROCHEN, LOS, RAUS MIT DIR, STELL DICH ZUM KAMPF UND GLAUB JA NICHT, DASS ICH JETZT MÜDE WERDE, EINSCHLAFE UND DU KANNST WEITER DEIN UNWESEN TREIBEN („JUNGE, WAS IST DENN MIT DIR! WAS WILLST DU DENN MIT DEM MESSER. JUNGE, WAS WILLST DU DENN IM BETT MIT DEM SPATEN, JUNGE, WACH AUF! JUNGE WACH AUF! ...) und ein Jugendheim ist, sitzt bei euch an einem Montagvormittag eine Frau, die du noch nie gesehen hast und du sitzt am Küchentisch vor dem, was dir Oma zum Essen hingestellt hat und kaust und kaust und, hast du auch schon längst keinen Bissen mehr im Mund, und kaust und kaust, du weißt ja, solange du kaust, musst du nicht aufstehen, kannst du an eurem Küchentisch sitzen bleiben, denn bald heißt's Adieu Wasserkessel auf dem Küchenherd, du wirst auch morgen lustig dampfen, aber da bin ich nicht mehr da, Tschüß Tischdecke mit deinen lustigen Mustern, die ich stundenlang ankucken und mir dabei sonst was ausdenken konnte, was das alles sein könnte, Tschüß Tassen da im Tassenregal, und fährt dann die fremde Frau mit dir und dem, was dir Opa und Oma mit auf die Reise gegeben haben, die Anziehsachen, das Indianerbuch und die Süßigkeiten aus dem Westpaket, stundenlang mit dem Zug, und dann müsst ihr beide sogar einmal umsteigen und kommt dann erst abends an bei diesem großen Haus mit einer Freitreppe, an deren Ende eine andere Frau steht, die schon auf dich gewartet hat und nun mit ausgestrecktem Arm auf dich zeigt und dabei den Zeigefinger krümmt („Ich bin die Heimleiterin und zeige dir jetzt das Zimmer, wo du bis auf weiteres untergebracht bist") und da stehst du bald an einem vergitterten Fenster und kuckst nach draußen, da drüben die Eisdiele, bei dem Wetter ist da drüben natürlich wieder Betrieb, sitzen an jedem Tisch welche und essen Eis, und jetzt kommt wieder einer, der in der Tür der Eisdiele verschwindet, aber warte ab, warte, gleich kommt der wieder raus, und da ist er ja auch schon, und der hat sich bestimmt Vanilleeis gekauft, oder Schokovanille oder eine Kugel Vanille und eine Kugel Waldmeister oder eine Kugel Erdbeereis und zwei Kugeln … oder … oder … und ist dieses Päckchen IMI, (eben hat es dir einer von den Erziehern in die Hand gedrückt (DAMIT WISCHST DU JETZT DIE KÜCHE, ABER BITTE MIT EIMER UND LAPPEN) und du, (auf den Knien) singst PARTISANEN VOM AMUR und bist fast bis zur letzten Strophe gekommen, als du merkst, der Erzieher ist jetzt nicht mehr in der Küche, steht nun nicht mehr mit verschränkten Armen in der Tür (und beobachtet dich bei der Arbeit) und da langst du von der Wand über dem Ausguss den Wasserschlauch und fängst an, mit dem Wasserschlauch das weiße Zeug, das du über die Kacheln der Küche verstreut hast, wegzuspülen, doch da hinter dir ein Fluch, wer reißt dir da den Schlauch aus den

Händen und nun bist es du, der hier weggespült werden soll, … nun bist es du, der hier weggespült werden soll …, und ist dieser Raum mit den 12 Betten (hier verbringen sie ihre Nächte) und hier stehen sie auch nach diesem Mittagessen zusammen, als die Jungen der älteren Gruppe (ihr Gruppenraum ist ein Stockwerk höher) ins Zimmer stürmen („Los, rückt die Schokolade raus, die er von seiner Tante geschenkt bekommen hat! Los, gebt die Schokolade wieder her! Du und du und du, ihr kommt jetzt mit nach oben und ihr erzählt uns, wo die Schokolade geblieben ist!") und so steht er mit drei anderen oben im Gruppenraum der größeren Gruppe, hintereinander und muss (wie die anderen) die Hände nach vorn strecken und dabei den Handrücken nach oben drehen „Und jetzt legen wir auf jede Hand ein Stückchen Löschpapier und Gnade Gott, bei wem das Papier nach unten fällt! Also, wo ist die Schokolade! Wo ist die Schokolade! Was ist, machst du schlapp!, die Arme bleiben oben oder willst du noch zusätzlich eine in die Fresse haben! Also, wo ist die Schokolade. Wo ist die Schokolade. Wo habt ihr die versteckt!" … und ist NEBEN DEM WEG ZUM SPORTPLATZ DES HEIMS DIESES KLEINE WÄLDCHEN, UND IM WÄLDCHEN AM WEG DIESER KLEINE TEICH. SCHWARZES WASSER DAS SICH NICHT BEWEGT. ALSO MEHR EIN SUMPF. UND DA IST DIESES MENSCHLICHE HINTERTEIL UND DIESE HOSE, DIE DA AUS DEM WASSER RAGEN, UND DA IST DIESE BRIEFTASCHE, DA IN DER GESÄSSTASCHE DER HOSE (IN DER IST BESTIMMT EIN BATZEN GELD UND SO TIEF KANN ES HIER EIGENTLICH NICHT SEIN) UND ES IST ER, DER SICH VOM UFER AUS AUF DEN WEG MACHT, SICH LANGSAM VORTASTET, EINSINKT IN DEN SCHLAMM, ABER NICHT WEITER ALS BIS ÜBER DIE KNIE

UND WEITER WATET, BIS ER WEIT GENUG GEKOMMEN IST, UM AUS DER HOSE DIE BRIEFTASCHE ZU ZIEHEN (HAST DU SIE! HAST DU SIE!) ABER JETZT, BEVOR HIER NOCH JEMAND KOMMT, SCHNELL ZURÜCK ZUM UFER (UND WIEVIEL GELD HATTE DER DENN NUN BEI SICH. O, FAST 80 MARK, UND WAS MACHEN WIR JETZT MIT DEN 80 MARK ...) UND DA IST RUMMS DIESE STAHLTÜR, DIE HINTER IHM RUMMS INS SCHLOSS FÄLLT UND DA IST NUN ER IN DIESER ZELLE ALLEIN MIT DIESEM KÜBEL (DEN MAN IHM ZUVOR NOCH IN DIE ZELLE GESCHOBEN HATTE NOCH SCHWAPPT DA NICHTS ÜBER) UND DA IST DIESES BETT AUS EISEN (DAS AN DIE WAND GEKLAPPT UND MIT EINEM SCHLOSS ABGESICHERT IST) UND DA SIND DIESE BEIDEN STAHLPLATTEN DIE MAN ETWAS VERSETZT IN DIE WAND EINGEMAUERT HATTE UND DIE SIND NUN IN DEN NÄCHSTEN TAGEN (DEN NÄCHSTEN WOCHEN?) SEIN TISCH UND STUHL. UND DA IST DAS MIT STAHLBLECH VERKLEIDETE GITTER, DAS IST DIE WAND AN DER TÜRSEITE UND GEGENÜBER DER TÜR DAS FENSTER IST AUS MILCHGLAS UND EBENFALLS VERGITTERT... (UND DAS BRINGE EINER ERSTEINMAL FERTIG, SICH AN SOLCHEN RAUH VERPUTZTEN SEITENWÄNDEN LÄNGER ALS DREI MINUTEN ANZULEHNEN) ALSO HIER WIRD ER NUN WIEVIEL TAGE DARAUF WARTEN, DASS MAN IHM ZUM FRÜHSTÜCK EINE MARMELADENSCHNITTE IN DIE ZELLE SCHIEBT (ODER AN DIESEM MORGEN NICHT) UND ZUM ABENDBROT GIBT ES DANN EINE DOPPELSCHNITTE MIT MARGARINE UND WURST (ODER HEUTE ABEND NICHT) UND

DAZU DIESEN BECHER MIT TEE, IN DEN EINMAL EIN SPASSVOGEL (SCHÖNEN GRUSS VON DER HEIMLEITUNG) STATT ZUCKER SALZ GESCHÜTTET HAT ... UND GOLDENER HAHN IST EINER AUS DER GRUPPE HAT SICH NACKIG AUSZUZIEHEN UND SICH DANN NACKIG AUF DEN TISCH ZU STELLEN UND DANN WIRD IHM EIN HANDFEGER ODER EINE KLOBÜRSTE IN DEN ARSCH GESCHOBEN UND DANN MUSS ER SICH AUF DEM TISCH IMMERZU DREHEN, MUSS ALSO EINEN HAHNENTANZ VOLLFÜHREN UND DABEI KRÄHEN KIKERIKI KIKERIKI ... und ist (oben auf dem Dach ihres Heims dieses Gitter, mit dem man (wie im Zirkus den Auftrittsort der Raubtiere) die Dachterrasse des Heims eingezäunt hat, und da ist er (der gerade festgestellt hat, sein Kopf zumindest passt durch die Gitterstäbe, und da ist (hinter ihm) dieser Aufschrei von einem ihrer Erzieher und da ist er, der sofort spürt, mit seinem rechten Fuß ist etwas passiert (also ist er heil auf diesem Vorsprung unterhalb des Daches angekommen (der ragt fast einen Meter aus der Wand)), doch jetzt weiter, gibt es hier etwas, an dem ich mich die letzten Meter nach unten hangeln kann, ich versuche es am Blitzableiter oder ist es besser ich springe ... geschafft, geschafft, aber jetzt nur weg von der Straße, und wenn ich auf allen vieren krieche hier in der Nähe soll doch ein See sein, und bin ich erst am See, dann komme ich auch an sein anderes Ufer, und bin ich erst am anderen Ufer, dann bin ich auch ... und da ist (an dieser Ausfahrtsstraße) dieser (vierstöckige) Altbau, der allein für sich da an der Straße steht mit dieser Dachbodentür (oben am Ende seines Treppenhauses), die ist aber abgeschlossen, und so zieht er (der da abends nach 23 Uhr an den vielen Türen vorbei (hinter einigen von ihnen waren auch da noch Stimmen zu hören) das Treppenhaus nach oben geschlichen war), seine Jacke aus und breitet sie auf dem Absatz vor der Dachbodentür am Boden aus, wartet dann (bis es im Haus nun endgültig still wird) und legt sich dann da oben auf dem obersten Treppenabsatz auf seine Jacke, doch da … doch da da kommt sie auch schon (von überall) her, die Kälte, die sogar noch dann da ist, als es anfängt, allmählich hell zu werden, sogar noch zunimmt, so dass er schließlich, die Treppe wieder nach unten schleicht (noch ist es im Haus still), aber draußen auf der Straße treffen ihn bald die ersten Sonnenstrahlen und ihm wird sofort wärmer und er räkelt sich und nun ist es schön, an diesem frühen Morgen gehen, gehen, gehen zu auf diese fremde Stadt (UND DA AUF DER WÄSCHE-LEINE HINTER DEM WOHNBLOCK TROCKNET NICHT NUR WEISSE BETTWÄSCHE. O, WER WILL IHM VERÜBELN, WENN ER SICH JETZT ETWAS VON DER LEINE NIMMT, DA WIRD SCHON ETWAS DABEI SEIN, WAS AUCH IHM PASST) DIE BESTEN LAUBEN SIND DIE, MIT FENSTERLÄDEN, HAT MAN DIE SCHEIBE SO EINER LAUBE EINGESCHLAGEN UND IST MAN EINGESTIEGEN, MUSST DU NUR NOCH DEN FENSTERLADEN HINTER DIR ZU MACHEN UND DU HAST ERST EINMAL RUHE. ABER IM SOMMER STEIGE NIE VOR EINBRUCH DER DUNKELHEIT IN EINE LAUBE EIN, IN SO EINER KLEINGARTENANLAGE IST IMMER EINER DER ALLES SIEHT UND WENN DU WIEDER GEHST NIMM NIE ETWAS MIT, HINTERLASS ALLES IN BESTER ORDNUNG, RÄUME ALLES AUF DA FOLGT DANN AUCH MEISTENS KEINE ANZEIGE. UM DEN GESCHLOSSENEN FENSTERLADEN EINER LAUBE ZU ÖFFNEN, BRAUCHST DU EIGENTLICH NUR EIN STÜCK HOLZ, KEIN FENSTERLADEN IST SO DICHT, DASS DU NICHT IN DIE LÜCKE

ZWISCHEN ZWISCHENWAND UND FENSTERLADEN EIN FLACHES STÜCK HOLZ SCHIEBEN KANNST UND DANACH IST ES EINE KLEINIGKEIT, DEN HAKEN, MIT DEM DER FENSTERLADEN FESTGEMACHT IST, HOCHZUSCHIEBEN. UM DAS FENSTER DANN EINZUWERFEN BENUTZE BITTE KEINEN GROSSEN STEIN, DER STEIN SOLLTE SOGAR MÖGLICHST KLEIN SEIN, UND DEN UMWICKELST DU DANN MIT DEM GROSSEN BLATT EINER KLETTE, SO WIRD DER LÄRM, MIT DEM DU DAS FENSTER EINSCHLÄGST NUR HALB SO LAUT. UND BIST DU DANN IN DER LAUBE, NIMM DIR ZEIT, WARTE AB, OB SICH DRAUSSEN ETWAS REGT. IST DANN DRAUSSEN NICHTS, DREH DU ALS ERSTES DIE SICHERUNG EIN UND WENN DU GLÜCK HAST, HAT DIE BUDE SOGAR EINEN FERNSEHAPPARAT UND DA KANNST DU DIR EINEN GEMÜTLICHEN ABEND MACHEN UND ESSEN BESORGST DU DIR DANN FRÜH IN DER NÄCHSTEN KAUFHALLE. AM BESTEN SIND DIE KAUFHALLEN, DIE FRÜH UM SIEBEN ODER NOCH FRÜHER ÖFFNEN. DA HABEN DIE VERKÄUFERINNEN NOCH ZU TUN IHRE KASSEN EINZURICHTEN UND DU BIST ALSO GANZ ALLEIN ZWISCHEN ALL DEN REGALEN UND WAS DA HERUMLIEGT UND WER SIEHT DAS SCHON, WENN DU DIR DA ETWAS UNTERS HEMD SCHIEBST UND WILLST DU DIR EINEN BESONDERS SCHÖNEN VORMITTAG MACHEN, LADE DIR IN DER GETRÄNKEABTEILUNG EIN KASTEN BIER IN DEN EINKAUFSWAGEN. BIST DU DANN UNBEOBACHTET, TRINKST DU EIN ZWEI FLASCHEN, DEN REST DER FLASCHEN KIPPST DU DANN MEINETWEGEN IN EINE VON DEN TIEFKÜHLTRUHEN UND IST

DANN DER BETRIEB LOSGEGANGEN, LIEFERST DU DEN KASTEN MIT DEN LEEREN FLASCHEN IN DEN RÜCKGABEAUTOMATEN, SO HAST DU DEIN TÄGLICHES QUANTUM BIER SCHON WEG UND HAST AUSSERDEM NOCH DREI MARK PFAND VERDIENT. WENN DU EIN AUTO BRAUCHST, NIMM DIR ZEIT. WICHTIG IST, DU FINDEST EINE GARAGENKOLONIE MIT MÖGLICHST VIELEN GARAGEN. DIE FINDEST DU MANCHMAL SOGAR IN DER NÄHE VON SCHREBERGÄRTEN, UND HAST DU SO EINE KOLONIE MIT MINDESTENS ZEHN BIS FÜNFZEHN GARAGEN GEFUNDEN, BRAUCHST DU EIGENTLICH NUR NOCH EINE AXT, MIT DER DU DIE GARAGENTÜR EINSCHLÄGST, DAS MACH AM BESTEN FRÜH, WENN ES GERADE HELL WIRD, DA BLEIBT MAN MEIST UNGESTÖRT, SIEHT ABER, WAS MAN SEHEN MUSS. UND NIMM NICHT GLEICH DAS AUTO AUS DER ERSTEN GARAGE, MANCHMAL HAST DU GLÜCK UND IN DER GARAGE DANEBEN HAT JEMAND VERGESSEN, SEINEN SCHLÜSSEL ABZUZIEHEN, WAS DIR DAS KURZSCHLIESSEN ERSPART. ABER WIE MAN EINE KARRE, BEI DER KEIN SCHLÜSSEL STECKT, DANN STARTET, WELCHE DRÄHTE UND WIE DU DANN ZUSAMMENHALTEN MUSST, KANN DIR JA ER ERKLÄREN, AUCH DAS IST IM GRUNDE GENOMMEN GANZ EINFACH UND BEI JEDEM AUTO ÄHNLICH ((und da ist (umwachsen von Holunderbüschen, Schwarzdorn usw. dieser Schotterplatz (unweit dieser Vorortsiedlung mit dieser Bushaltestelle) und da sind diese Baumstämme, die man da drüben bei diesem Kieferngehölz gestapelt hat und auf ihnen hocken diese (acht, neun) 16–17jährigen, die (als er zu ihnen getreten war) keine Aufforderung benötigen, um ihn (DU KOMMST ALSO AUCH AUS EINER ... UND WIE LANGE HAST DU GESCHMORT) eine von ihren aufgerissenen Bierbüchsen anzubieten (und da ist SIE, mit der er dann (DU MUSST AUFPASSEN, GERADE DIE VERKÄUFERINNEN, DIE GERADE DABEI SIND NEUE SACHEN IN DIE REGALE ZU STELLEN, DIE TUN NUR SO, ALS WÜRDEN SIE SICH NUR FÜR DAS INTERESSIEREN, WAS SIE GERADE MACHEN, DIE HABEN IMMER EIN AUGE AUF DICH UND DIE WISSEN GENAU, WER DU BIST, DAS IST DOCH EINER VON DENEN, DIE SICH DRÜBEN AUF DER LICHTE HERUMTREIBEN, DIE BEHALTEN DICH GENAU IM AUGE, ABER DU LEGST GANZ SEELENRUHIG, DIE SACHEN, DIE DU HABEN WILLST, IN DEN KARTON, DEN DU MIT NACH DORT GENOMMEN HAST, WO ES DIE GETRÄNKE UND DIE LEBENSMITTEL GIBT, UND DAS IST WICHTIG, DASS DU DA NICHT MIT BLOSSEN HÄNDEN UNTERWEGS BIST, DA SIEHT GLEICH JEDER, DU HAST VOR ZU KLAUEN, UND ERST DANN, WENN DU KURZ VOR DEN KASSEN BIST, LEGST DU DEN KARTON BEISEITE, NIMMST DIE FLASCHE ODER DIE TÜTE MIT DEN BRÖTCHEN IN DIE HÄNDE, KUCKST, VOR WELCHER KASSE STEHEN DIE WENIGSTEN LEUTE, ZU DENEN SAGST DU, ENTSCHULDIGEN SIE, KÖNNTEN SIE MICH EINMAL DURCHLASSEN, DIE MEISTEN MACHEN DAS DANN AUCH, WENN NICHT, DANN SCHUBST DU SIE EINFACH BEISEITE UND RENNST LOS, RENNST LOS, UND VERLASS DICH DRAUF, DU BIST GARANTIERT SCHNELLER ALS DIE, DIE DIR DANN HINTERHERLAUFEN ...) mit der er dann ... (ABER WAS WAREN DAS NUR FÜR STÜMPER (DER WACHTMEISTER UND

DER OBERWACHTMEISTER, DIE IHM DIE HANDSCHELLEN ANGELEGT HATTEN (JETZT SITZEN SIE VOR IHM AUF DEN VORDERSITZEN DES STREIFENWAGENS) DIE HANDSCHELLEN TUN IHM ERSTENS ÜBERHAUPT NICHT WEH UND ZWEITENS MUSS ER NICHT LANGE HERUMHANTIEREN, UM SICHER ZU SEIN, NOCH EINE BEWEGUNG UND SEINE HÄNDE SIND WIEDER FREI. DA BEWEGT SICH VOR IHNEN EINE BAHNSCHRANKE NACH UNTEN, MAN MUSS ALSO ANHALTEN UND DER WACHTMEISTER STELLT DEN MOTOR AB UND ER (TSCHÜSS, KUMPELS. ICH GLAUBE NICHT, DASS WIR UNS WIEDERSEHEN) (HAT DA AUCH SCHON DIE TÜR RECHTS VON IHM AUFGESTOSSEN, IST NUN SCHON DRAUSSEN VOR DEM AUTO UND KUCKT, WÄHREND ER NUN DIE GLEISE ÜBERQUERT, WEDER LINKS NOCH RECHTS. DER WALD, DAS WÄLDCHEN VOR IHM REICHT FAST BIS ZUM BAHNDAMM UND HAT AUCH REICHLICH GEBÜSCH AUFZUWEISEN UND UNTER DEM GEBÜSCH MUSST DU DICH NUR AUF DEN BODEN LEGEN UND NUN FINDET MICH. ABER SEINE BEWACHER, WO BLEIBEN DIE EIGENTLICH, DIE SUCHEN IHN BESTIMMT NICHT DORT, WO ER IHNEN EBEN ENTWISCHT IST DRÜBEN AN DER STRASSE IN DEN GETREIDEFELDERN. ALSO SPURTET ER LOS, UND DA STEHT JA AUCH DER LADA UND BEI IHM KEIN POLIZIST. EIN STREIFENWAGEN KNACKEN IST DAS SCHWERER ALS … ICH NEHME MIR JETZT DIESEN HERRENLOS AM RASENRAND PARKENDEN MAZDA IN BESITZ. AUTO IST AUTO. UND SCHON HAT ER PLATZ GENOMMEN AUF DEM FAHRERSITZ UND DAS SCHMUCKSTÜCK SPRINGT AUCH

TATSÄCHLICH AN, UND SCHON GEHTS LOS NATÜRLICH MIT BLAULICHT UND TATÜTATA DIE SCHRANKE VOR IHM HEBT SICH WIEDER HOCH ... UND WAS STEHT DA VORN AM ENDE DER CHAUSSEE, (AUF DER ER AUS DER STADT GEKOMMEN WAR (LINKS RECHTS PAPPELN)) ÜBER DIESEM TOR AUF DIESEM SCHILD IN GROSSEN SCHWARZEN LETTERN ... LEGION ... (UND DAS WIRD IHM NOCH AM ERSTEN TAG GLEICH NACH SEINER ANKUNFT UND SEINER UNTERSCHRIFT VERPASST, EIN SEHR, SEHR, SEHR KURZER IGELSCHNITT, GENANNT BOULZERO, UND DAS SIND DIE ERSTEN ARBEITEN, DIE ER ERLEDIGEN MUSS, SÄUBERN DER KASERNENMAUER MIT EINEM HANDFEGER MIT ANSCHLIESSENDEM STREICHEN DER MAUER MIT WEISSER KALKFARBE UND DANN IST DA DIESES GEHÖFT (ES STEHT ALLEIN AUF FREIEM FELD) MIT DIESER SCHEUNE, VON DER EIN TORFLÜGEL IN DEN ANGELN HÄNGT UND DORT, WO AUF DEN EUROPALETTEN IHRER VORGÄNGER SEIFENRESTE HERUMLIEGEN UND MAN AUFPASSEN MUSS, DASS MAN NICHT INS RUTSCHEN KOMMT, MÜSSEN SIE NUN PLATZ FINDEN FÜR IHRE FELDBETTEN, IHRE SPINDE USW. UND DIE WASSERROHRE, AUS DENEN AUS BRAUSEKÖPFEN DAS WASSER ZUM DUSCHEN KOMMT, DIE SIND OBEN AN DER DECKE ANGEBRACHT, DAS WASSER SELBER KAM AUS DEM TANKFAHRZEUG, MIT DEM SIE EINGERÜCKT WAREN, UND DANN HEISST ES BALD SCHNELLER, SCHNELLER, BENÄSSEN, EINSEIFEN, ABSPÜLEN UND NUN DER NÄCHSTE BITTE, DER NÄCHSTE BITTE. SCHNELLER, SCHNELLER UND NUN DER NÄCHSTE. WAS

(UND WIEVIEL) ODER HATTE ER DAS ALLES (CRYSTAL, KODEIN IN FORM VON KOMPRETTEN, DILAUDID, HASCHISCH, MARIHUANA ALS CHARAS, GAUJA, LSD, MESKALIN, PSILCYBIRUM (LEGIONÄRSFRÜHSTÜCK!)) GLEICHZEITIG GENOMMEN (IN DIESEM KLEINEN HOTEL IN VENTIMIGLA MIT DIESEM BLICK AUFS MEER), DASS (OHNE, DASS SICH DAS ZUVOR ANGEKÜNDIGT HATTE, ER IST GERADE DABEI DER MINIBAR EINE FLASCHE ORANGENSAFT ZU ENTNEHMEN), OHRENBETÄUBENDER LÄRM ÜBER IHM HEREINBRICHT, AUS DEM FUSSBODEN, DEN WÄNDEN, VON OBEN VON DER DECKE EIN KOMMANDO DER ISRAELISCHEN ARMEE SICH IN SEIN ZIMMER SPRENGT UND ER (SEINE REFLEXE STIMMEN ALSO NOCH IMMER) SOFORT DEN VORHANG VON DER FENSTERFRONT REISST UND DARUNTER IN DECKUNG GEHT, WÄHREND DIE ISRAELI BRÜLLEND UND BLENDGRANATEN WERFEND DAS ZIMMER NUN VOLLENDS STÜRMEN, BIS ES ENDLICH STILL IST, EINE GANZE WEILE IST ES TOTENSTILL, BIS SICH SCHLIESSLICH EINE PIEPSIGE FRAUENSTIMME MELDET: „SIR, GEHT ES IHNEN GUT? SOLL ICH EINEN ARZT RUFEN?“ UND ER (JETZT NUR KEINE SCHNELLE BEWEGUNG, MACH NUR LANGSAM, DU BIST JA ÜBERHAUPT NICHT NERVÖS) SICH LANGSAM AUS DEM VORHANG WICKELT, DIE HÄNDE HEBT UND SICH IN DAS ZIMMER KNIET, ABER WO SIND DENN JETZT DIE ISRAELI, WAS SOLL DAS, WAS SOLL, WER IST DIE KLEINE DA VOR IHM IN DIESEM TRÜMMERFELD? OFFENBAR EINE SPEZIALAGENTIN DES MOSSAD VERKLEIDET ALS ZIMMERMÄDCHEN. ABER WAS WOL-

LEN DIE VON IHM, WAS WOLLEN DIE VON IHM. OBEN IN DER DECKE KLAFFT EIN RIESIGES LOCH, DIE WÄNDE DES ZIMMERS SIND TEILWEISE EINGESTÜRZT UND DAZU DIESER GESTANK VON KORDIT UND OCTOL. HATTEN DIE IDIOTEN ETWA TATSÄCHLICH OCTOL EINGESETZT, OCTOL, DAS MAN ANSONSTEN NUR IN DER RAUMFAHRT VERWENDET. UND INMITTEN DIESES TRÜMMERFELDS UND DIESES GESTANKS DIESES ETWA 20-JÄHRIGE GIRL, DAS DA ETWAS HILFLOS HERUMSTEHT UND VÖLLIG DIE FASSUNG VERLIERT, ALS ER SIE ANSCHREIT: „RUHE HIER!" UND SIE BLITZSCHNELL ANSPRINGT, DEN RECHTEN ARM DES MOSSADKÜKEN IN DEN HEBELGRIFF NIMMT, ZUSÄTZLICH IHR DÜNNES HANDGELENK RICHTUNG UNTERARM DRÜCKT UND SIE UNBEEINDRUCKT VON IHREM SCHREIEN AUS DEM ZIMMER ZUR TÜR ZUM FLUR FÜHRT, DIE MERKWÜRDIGERWEISE UNBESCHÄDIGT GEBLIEBEN IST UND MIT IHR AN DER TÜR NACH DRAUSSEN AUF DEN FLUR BRÜLLT: „IHR DA DRAUSSEN MIT EUREN SPRENG-BLENDGRANATEN UND EUREN ENTSICHERTEN MP'S, HÖRT IHR MICH! RUFT DOCH BITTE HERRN SIMON WIESENTHAL IN TEL AVIV AN UND RICHTET IHM EINEN SCHÖNEN GRUSS AUS VON MIR, ABER WENN ER MIT MIR REDEN WILL, MUSS ER NICHT GLEICH EINEN KRIEG MIT ITALIEN FÜHREN. UND SEID BITTE BEI EURER NÄCHSTEN AKTION ETWAS VORSICHTIGER, EURE KLEINE HABE ICH NÄMLICH DIREKT HINTER DER TÜR POSTIERT, ODER BRAUCHT IHR JETZT AUS EUREN REIHEN EIN ERSTES OPFER! – UND DU DA AN DER TÜR, DU ZITTERN-

DES, WEINENDES ETWAS, DU HÄLST WEITERHIN DEINE HÄNDE ÜBERN KOPF VERSCHRÄNKT UND KUCKST, BIS ICH DIR WEITERE BEFEHLE ERTEILE RICHTUNG TÜR!“ ABER WAS IST DAS, WAS IST DAS DA UNTER DEN BEINEN DER KLEINEN. BILDET SICH DA ETWA EINE PFÜTZE: „O! O! O! VON EINER AGENTIN DES MOSSAD HÄTTE ICH DOCH MEHR HÄRTE- UND NEHMERQUALITÄTEN ERWARTET!“ ABER WO IST EIGENTLICH SEIN GEPÄCK MAN ÜBERLASSE NIE „SIE SIND SO FREUNDLICH UND BRINGEN ES MIR AUF MEIN ZIMMER“ SEIN GEPÄCK EINER REZEPTION. ZUMINDEST HATTE ER NOCH SEINE OLIVGRÜNE SPORTTASCHE BEI SICH MIT DER WECHSELWÄSCHE UND DEM ANDEREN KLEINKRAM. DIE TASCHE WIE EIN RUCKSACK GESCHULTERT, RENNT ER, UM DORT AUF DAS GELÄNDER ZU KLETTERN UND VON DA AUS AUF EINEN NACHBARBALKON ZU SPRINGEN, VON DER KORRIDORTÜR AUS AUF DEN BALKON, ABER ERST BEIM DRITTEN VERSUCH, INZWISCHEN HATTE MAN ANGEFANGEN VOM PARKPLATZ AUS AUF IHN ZU SCHIESSEN, ERREICHT ER WENIGSTENS DIE REGENRINNE, UM AN IHR (BEI DER LEGION GELERNT IST GELERNT) ERST EINMAL NACH OBEN AUF DAS DACH ZU KLETTERN. EIN GLÜCK, DA IST JA AUCH EIN SCHORNSTEIN HINTER DEM MAN IN DECKUNG GEHEN KANN, LASS DIE SICH DOCH IHRE MAGAZINE LEER SCHIESSEN, ICH WILL JETZT NUR NOCH EINES, OBEN AUF DEM DACH MICH MIT DEM RÜCKEN AN EINEN SCHORNSTEIN LEHNEN, DIE BEINE VON MIR STRECKEN UND AUSRUHEN, AUSRUHEN, DIE BEINE VON MIR STRECKEN UND AUSRUHEN, AUSRU-

HEN ... TRÜW BRINGT BROT / DA ULENSPIEGEL NUN KAM GEN HALBERSTADT / DA GING ER UFF DEN MARKT UND SAHE / HART UND KALTER WINTER WARS / DA GEDACHTE ER, HART IST DER WINTER / UND SAU WEHT DAZU DER WIND / DOCH HAST DU NICHT OFT GEHÖRT / HAT WER BROT / GIBT MAN DEM BROT UND SO / KAUFT ULENSPIEGEL SICH FÜR ZWEEN SCHILLING BROT / NAHM EIN TISCH UND GING STEHN AM DUM SANT STEPHAN / STAND DA FEIL, BIS DA KAM EIN HUND / UND NAHM VON SEINEM TISCH EIN BROT / LIEF DAMIT DEN DUMHOF HINUFF / UND ULENSPIEGEL LIEF DEM HUNDE HINTERHER / DER WEIL KAM MIT 10 JUNGR FERLIN EINE SAU / STIESS ULENSPIEGELS TISCH UM UND / EIN JEGLICHER NAHM IN DAS MAUL EIN BROT / UND LIEF DAMIT HINWEG / DA WARD ULENSPIEGEL LACHEN UND SPRACH / DASS FALSCH DIE WORTE SEIEN, ALS MAN SPRICHT: / „WER BROT HAB, DEM GIBT MAN BROT / ICH HATTE BROT / UND DAS WARD MIR GENOMMEN!“ / UND SPRACH: O HALBERSTADT, HALBERSTADT / RECHT MAN DICH SO GEHEISSEN HAT / DIE EINE HÄLFTE, DIE IST GUT / DIE ANDERE ABER WEHE TUT / DEIN BROT UND KOST SCHMECKT WOHL / ABER DEIN PFENNIGSÄCKEL SIND VON SÜWLEDER GEMACHT ... / ALS NUN ULENSPIEGEL MESSNER WAR IN EINEM DORF / PFAFF DA STAND DER EINSMAL VOR DEM ALTAR UND TÄT SICH AN / ER WOLLT MESS HALTEN / DA STAND ULENSPIEGEL HINTER IHM UND / RICHTETE IHM SEIN ALB ZURECHT / DA LIESS DER PFAFF EINEN GROSSEN FURZ / DASS ES ÜBER DIE KIRCHE ERHALLT / DA SPRACH ULENSPIE-

GEL: / HERR, WIE DENN, OPFERT IHR DAS UNSEREM FÜR WEIRAUCH HIER VOR DEM ALTAR?", DER PFAFF SPRACH: / „WAS FRAGST DU DANACH? / IST DOCH DIE KIRCHE MEIN / ICH HAB DIE MACHT WOHL / DASS ICH MITTEN IN DIE KIRCHE SCHEISSE." / ULENSPIEGEL SPRACH: / „DAS GELT EUCH UND MIR EIN TUNN BIER, OB IHR DAS TUT." / „JA," SPRACH DA DER PFAFF, „ES GILT WOHL" / UND SIE WETTETEN MITEINANDER UND DER PFAFF SPRACH: / „MEINST DU NIT / ICH BIN SO FRISCH? / UND KOHRTE SICH UM UND SCHISS EINEN GROSSEN HAUFEN IN DIE KIRCHE UND SPRACH: / „SIEH HER, KUSTOR / ICH HAB DIE TUNN BIER GEWONNEN." / ULENSPIEGEL SPRACH: „NEE, HERR WIR WOLLEN VOR MESSEN / OB ES MITTEN IN DER KIRCHE SEIN / ALS WIR DANN SAGTEN." / ALSO MASS ES ULENSPIEGEL / DA FEHLET ES WEIT DER MITTEN IN DER KIRCHE / ALSO GEWANN ULENSPIEGEL DIE TUNNEN BIERS ... / EINSMALS / KAM ULENSPIEGEL IN BREMEN DASELBEST AUF DEN MARKT UND SAH, VIEL MILCHE BRACHTEN DIE BÜRIN ZU MÄRKT, SO WART ER EINS DARUFF AUF EINEN MÄRKTTAG / DA KAM VIEL MILCH / DA UBERKAM ER EIN GROSS BÜTTEN / SETZT SIE UFF DEN MÄRKT UND KAUFT ALL DIE MILCH / DIE DAR AUF DEN MARKT KAM / UND LIESS SIE ALLE IN DIE BÜTTE SCHÜTTEN UND / SCHRIEB EIN JEGLICHE FRAU UFF ZU RING HAR; DIE EINE SO VIEL / DIE ANDERE SOVIEL UND ALSO FÜRSUS / UND SAGTE ZU DEN FRAUEN, DASS SIE BEITEN SO LANG / BIS ER DIE MILCH BEIEINANDER HÄTT / SO WOLLTE ER EINER JEGLICHEN FRAUEN IHR

MILCH BEZAHLEN / DIE FRAUEN SASSEN DA UFF DEM MARKT IN EINEM RING HAR / UND ULENSPIEGEL KAUFT DER MILCH SOVIEL / DASS DA KEIN FRAU MEHR MIT MILCH KAM / UND DER ZUBER WAR AUCH BEI VOLL / DA KAM ULENSPIEGEL UND MACHTE EINEN SCHIMPF UND SAGT: / „ICH HABE DIESMAL KEIN GELD / WELCH NIT BEITEN WILL 14 TAG / DIE MAG IHR MILCH WIEDER US DER BÜTTEN NEHMEN" / UND GING DAMIT HINWEG / DIE BÜRIN MACHTEN EIN GERÖÄHEL UND RUMOR / EIN, DIE HÄTTE SO VIEL GEHABT / DIE ANDERE SOVIEL / DIE DRITT DERGLEICHEN, UND SO FÜRAN / SO DASS SICH DIE FRAUEN DARÜBER / MIT EIMERN, LOGELEN UND FLÄSCHEN ZU DEN KÖPFEN WURFEN / UND SCHLUGEN UND GOSSEN SICH MIT DER MILCH IN DIE AUGEN / IN DIE KLEIDER / UND UFF DIE ERDEN GESCHÜTTET / SO DASS ES EBEN DERGESTALT WAR, ALS HÄTT ES MILCH GEREGNET ... / ALS NUN ULENSPIEGEL INS LAND UFF WANDERT / DA KAM ER UFF EIN ZEIT GEN HANNOVER / UND DA REIT ER EIN ZEIT FÜR DAS TOR / EIN ACKERLÄNG WEGS SPAZIEREN / DA BEGEGENTEN IHM 12 BLINDE / ALS NUN ULENSPIEGEL GEGEN IHNEN KAM, SPRACH ER: / „WAHER, IHR BLINDEN?" / DIE BLINDEN STUNDEN UND HORTEN WOHL / DASS ER UFF EINEM PFERD SASS / DA MEINTEN SIE / ES WÄR EIN EHRLICH MANN UND ZOGEN IHR HÜT UND KAPPEN AB UND SPRACHEN: / „LIEBER JUNKER / WIR SIND IN DER STADT GEWESEN / DA WAR EIN REICHER MANN GESTORBEN / DEM HIELT MAN EIN SEELAMT UND GAB SPEND / UND ES WAR GRAUSLICH KALT. / DA SPRACH ULENSPIEGEL

ZU DEN BLINDEN: / „ES IST GANZ KALT / ICH FÖRCHT, IHR ERFRIEREN ZU TOD / SEHNT HIN, HIE HABEN 12 GULDEN / GOHNT WIDER IN DIE STADT / DA KUMM ICH AUS DER HERBERG REITEN“ / UND ENTDECKTE IHNEN DAS HUS / „UND VERZEHRET DIES 12 GULDEN UM MEINETWILLEN / BIS SO LANG, DASS DIESER WINTER HINWEG IST / DASS IHR VOR FROST WIEDER WANDERN MÖGEN.“ / DIE BLINDEN STUNDEN UND NEIGTEN SICH / UND DANKEN IHM FLEISSIGLICH, UND MEINT JE EIN BLIND / DER ANDRE HÄTT DAS GELD, UND DER ANDERE MEINT / DER DRITT HÄTT DAS GELD / UND DER DRITTE MEINT / DER VIERTE HÄTT DAS GELD UND FÜRTAN / DASS DER LETZT MEINT / DER ERSTE HÄTT DAS / ALSO GINGEN SIE IN DIE STADT IN DIE HERBERG / DA SIE ULENSPIEGEL IN WEIS / DA SIE NUN IN DIE HERBERG KAMEN / SPRACHEN DIESE BLINDEN ALLE / DASS EIN GUT MANN HÄTT FÜR SIE GERITTEN UND / HÄTT IHNEN 12 GULDEN UM GOTTS WILLEN GEBEN / UND SIE SOLLTEN SIE / UM SEINETWILLEN VERZEHREN / BIS DAS DER WINTER HINWEG WÄR / DER WIRT WAR GRICHT NACH DEM GELD, UND NAHM SIE SO FÜR AN UND GEDACHT NIT DARUFF / DASS ER SIE GEFRAGT HÄTT UND GESEHEN / WELCHER BLINDE DIE ZWÖLF GULDEN HÄTT / UND SPRACH: „JA, MEIN LIEBEN BRÜDER / ICH WILL EUCH GÜTLICH TUN.“ / ER SCHLUG UND HÜW ZU UND KOCHT DEN BLINDEN UND LIESS SIE ZEHREN SO LANG / DASS IHNEN DUCHT, DASS SIE / DIE ZWÖLF GULDEN VERZEHRT HÄTTEN, / SO SPRACH: „LIEBE BRÜDER / WOLLEN WIR RECHEN / DIE ZWÖLF GULDEN

SEIND GUT BEI VERZEHRET.“ / DIE BLINDEN SAGTEN JA / UND JE EINER SPRACH DEN ANDEREN AN / WELCHER DIE 12 GULDEN HÄTT / DASS ER DEN WIRT BEZAHLT / DER EIN HÄTT DIE GULDEN NIT / DER ANDER HAT SIE AUCH NIT / DER DRITT AUCH NIT / DER VIERT DESGLEICHEN / DER LETZT MIT DEM ERSTEN / DER HÄTT DIE 12 GULDEN NIT / DIE BLINDEN SAGTEN UND KRATZTEN DIE KÖPF / WASS SIE WAREN BETROGEN … UND ER (Wieviel Tage, Wochen ist es eigentlich her, dass er sich in diesem Café am Marktplatz, von dem aus man, vorausgesetzt, du hast dir einen Stuhl an einem der Tische vor dem Café ergattert, den besten Blick hat auf diese Kirche mit den zwei Türmen und der Seufzerbrücke, die da von Turm zu Turm hinüberführt, mit diesem Typ trifft, verabredet ist man für Punkt sieben, aber der kommt dann erst zehn nach acht und übergibt ihm für achttausend Cash den Schlüssel für die komfortable Maisonette-zwei-Raum Wohnung in der … straße, und so kann noch am selben Abend, denn auch in diesem Nest hat er seinen Bekanntenkreis, die Einzugsfeier über die Bühne gehen. Einzugsfeier das ist, da wird sich erst einmal mit einem Empfangsblubber in Stimmung gebracht, aber dann, aber dann so nach 24 Uhr gewinnt die Sache langsam an Fahrt, denn da lautet die Ansage, nur wer sich einmal durch das aktuelle Angebot an Haschisch- und Marihuana-Sortiment durchgeraucht hat, darf den Raum wieder verlassen, Motto, „Kiffen bis alles auf den Matratzen liegt“, und so ist er natürlich am Tag danach erst am späten Nachmittag wieder einsatzfähig und kann sich, Internet muss sein, auf den Weg machen, bei Vodafon die Installation eines ISDN-Anschlusses zu beantragen, und danach geht es weiter zu Saturn um sich, natürlich auf Finanzierung die entsprechenden Geräte dafür zu besorgen. Da in der Großen Ulrichstraße vor dem Fahrradladen, dieses Mountain-Bike, das ist doch bestimmt seine dreitausend EURO wert, also ... also ... „was sehen sie gerade ... hier klaut einer ein Fahrrad, hier klaut einer ein Fahrrad!" Aber was will einer mit einem Mountain-Bike, wenn er bereits in der Steinstraße bei dem ersten Ausweichmanöver Bekanntschaft schließt mit dem Straßenpflaster und nun per pedes heimwärts gehen darf in sein neues Domizil, wo es bereits zwei Tage nach seinem Einzug aussieht, als würde er hier schon fast zwei Wochen hausen. wie spät ist es eigentlich. halb vier aber ich wollte doch noch heute rüber zum Media Markt und mit meiner AMAX-Karte die 6.000 EURO teure Hi-Fi Anlage sicher stellen, die man mir heute Abend noch ins Haus bringt, das wär geil, endlich vom Sofa aus mir „Titanic" ankucken und zwar mit bestem Sound, du sitzt auf der Couch und so als würde das unmittelbar nebenan dir in deinem Zimmer passieren, kannst du dabei sein, wenn sich die vornehmen Herrschaften, dann wenn es in die Tiefe geht, in die Hosen kacken, und dann die Szene, in der diese gigantische Schiffsschraube dem Kerl das Rückgrat zerschmettert ... ... aber wo liegt denn nun, / mit der ich nun schon so oft das Vergnügen hatte, / „Sie möchten mit Karte bezahlen, / aber gerne ..." / meine AMERICAN EXPRESS CARD BLUE, / wo hält sich denn mein Liebling versteckt, / gestern lag sie doch noch hier in der Küche neben der Spüle, / wo ist denn nun die Süße, / die man so gerne streichelt, / nee, nee, das ist hier neben dem Wasserkocher, / das ist diese TARGO BANK ONLINE CLASSIC-CARD, / die damals diese Alte, / in welchem Nest eigentlich / mir partout nicht überlassen wollte, / „Muss es denn unbedingt / eine ONLINE CLASSICCARD sein, / ich an ihrer Stelle ..." / aber wie sieht es in dieser Wohnung überhaupt aus, / wie sieht es in dieser Wohnung aus, / seit Tagen kucke ich mir die Augen aus dem

Kopf nach meiner BARCLAYCARD NEW VISA/ und nun liegt sie drüben frech und frei auf dem Fensterbrett,/aber wo ist nun meine AMAX/ich will endlich losgehen/und mir diese Anlage besorgen,/oder nehme ich heute einfach mal diese HANSEATIC BANK GENIALCARD/die ich schon seit Ewigkeiten nicht mehr eingesetzt habe,/muss auch nicht sein,/oder besser ich zücke diese GRÜNCARDPLUS MASTERCARD/vor der gehen doch alle in die Knie,/und was liegt eigentlich drüben im Badezimmer überm Waschbecken,/doch nicht etwa diese SANTANDER TRAVELCARD/die mir so sehr ans Herz gelegt wurde,/„Nehmen Sie sie,/nehmen Sie sie,/Sie werden sehen,/sie wird viel Freude bringen!"/ und ich habe noch kein einziges Mal benutzt,/aber wo ist meine AMAX,/wo ist meine AMAX,/und wie kommt eigentlich meine NETBANK MASTERBANK DEBITD in meine Waschmaschine,/und wo ist eigentlich meine WÜSTENROT VISA CLASSIC,/und meine BARCLAYCARD FOR STUDENTS/spielst du mit Skat,/ja gerne,/ aber nur wenn ich die Hand voll mit Kreditkarten habe... usw.) der nur ( ) ( ), DER (GINGE ES NACH IHM) IMMER WIEDER, IMMER WIEDER NUR DAVON ERZÄHLEN WÜRDE („Scharfschütze, was ist ein Scharfschütze? Ein Scharfschütze ist, du, bist du im Einsatz, hast permanent die klimatischen Bedingungen wie Temperatur, Windrichtung, Windstärke usw. im Auge zu behalten, wir liegen drei Kilometer vor unserem Lager in Stellung und behalten vor uns die Umgebung mit starker Optik unter Beobachtung, der Windmesser, den ich wie immer etwas nach rechts versetzt unter der Mündung meines Babys positioniert habe, zeigt keinerlei Bewegung, vor uns die Savanne flimmert... da erreicht uns von Team 3 über Funk die Meldung, „in der Buschzone vor dem Lager sind zwei Ziele mit Waffen unterwegs!", also... also reiße ich mein „Baby" in die angegebene Richtung und widme mich nun meiner Präzisionszieloptik und tatsächlich, etwa zwei Kilometer entfernt sind drei Kerle dabei, irgendwelche Mädchen vor sich her zu stoßen, also … also melde ich das, was ich gesehen habe und melde noch den anderen Teams die Koordinaten für eine mögliche Unterstützungsaktion, doch da wird gemeldet „Kräfte sind an anderen Stellen gebunden!“, also, also lade ich mein Baby durch und stimme mich mit Team 3 ab „Also das Ziel ist … und ich übernehme …“, und da kann ich auch schon sehen, wie da vorn einer der Kerle, der nun in meinem Fadenkreuz ist, eine Pistole zieht, was hat der jetzt vor, was hat der jetzt vor, da er mit seiner Pistole auf eines der Mädchen zugeht, auch die von Team 3 und Team 4 können es nicht entschlüsseln, aber wir behalten unsere Ziele im Fadenkreuz, da lässt der Kerl mit der Pistole, den ich in meinem Fadenkreuz habe, seine Hose fallen und deutlich ist zu sehen wie das Mädchen, auf das er es abgesehen hat, einige Schritte zurück geht. „Ziel erfasst“ melde ich, aber es erfolgt keine Antwort, auf was warten die noch, auf was warten die noch, der da vorn ist nun bei dem Mädchen, also wird der doch gleich, also wird der doch gleich … also korrigiere ich Höhen,- und Seitenwinkel meines Babys und nehme, ist es bei einem 12,7 mm Geschoss auch nicht nötig, einen Nervenpunkt zu treffen, den Kerl nun noch genauer ins Fadenkreuz, da höre ich in meinem Ohrhörer unseren Zugführer „Snipper drei, Feuer!“, und hast du dann den Abzug über den Nullpunkt gezogen, dauert es doch noch einmal drei Sekunden und da vorn … da vorn … und du kannst deinem Team 3 melden, „Ziel ausgeschaltet!“, „Team 5, Ziel ausgeschaltet!“ usw.) ( ) ( ) ABER DER DURCHAUS AUCH NOCH VON ANDEREN ERLEBNISSEN ERZÄHLEN KÖNNTE (Speed! Ich beschließe, mein Glück im Schwarzwald zu suchen, beziehe dort ein helles kleines

Zimmer in einer Pension und nehme eine Stelle als Fernfahrer auf einem 40-Tonner an, ich der nicht einmal einen Führerschein hatte und es wird mir, damit der mir möglichst realitätsnah, den Job als Fernfahrer beibringt, ein fest angestellter Fahrer zugeteilt, nach Belgien führt uns unsere erste Tour und wir legen auf einem Autobahnrastplatz einen Stopp ein und da streut er auf einen Taschenspiegel vier Bahnen eines weißen fein zerstoßenen Pulvers und dann hält er mir einen zusammengerollten Geldschein hin und fordert mich grinsend auf: „Los, zieh! Das brauchst du als Fernfahrer, besonders bei den Nachtfahrten." Ich, wie ein Bosch-Staubsauger, ziehe das Zeug in meine Nase und merke anfangs gar nichts, oder will nichts merken, aber dann, aber dann ... Kaum, daß wir die Grenze hinter uns haben übernehme ich das Steuer und hänge mich mit unserem Mercedes Truck hinter einen anderen deutschen Truck, fahre eine ganze Weile in dessen Windschatten, bis ich höre, wie der andere vor uns über Funk zu meinem Kollegen sagt, was hast du denn für einen Frischling an Bord, kannst du dem nicht einmal das Fahren beibringen. Da setze ich den linken Blinker, ziehe unseren 40-Tonner auf die linke Spur und trete unseren 480 Pferden mit durchgetretenem Gaspedal kräftig in den Arsch und schon habe ich den Klugscheißer hinter mir gelassen. Im Funk höre ich den dann aufstöhnen. „Man, wo hast du denn den aufgerissen, der ist jetzt total irre!" – Der andere erschrocken, will mich bremsen! „Komm, wechseln wir wieder die Plätze!" Aber ich knurre ihn nur an: „Schnauze oder dein Kadaver fliegt durch die Windschutzscheibe!" Und als er dann auf der Ladestation zur Toilette geht bin ich sofort hinterher und ohne Vorwarnung trete ich ihm die Tür seiner Kabine ein. Er hatte sich gerade gesetzt, aber ich ziehe ihn samt seinem nackten Arsch von der Schüssel und schon fliegt er kopfüber seitwärts und mehr habe ich ihm nun nicht mehr zu sagen: „Hier wird nicht gejammert, ab jetzt fahre ich, und du versorgst mich jetzt mit den nächsten Bahnen von deinem Schnee! Und du versorgst mich jetzt mit der nächsten Bahn von deinem Schnee!" usw ...) bzw. (hört! hört!) Irgendwie, irgendwie, / irgendwie werde ich aber dann / bereits nach zwei Wochen von der Speditionsfirma wieder entlassen, / aber irgendwie ergreift mich da ein Gefühl / „Sekt und Buletten!" und / irgendwie beantrage ich daraufhin bei jeder Bank des Kaffs / einen Kredit, / der mir auch irgendwie anstandslos gewährt wird / und so verfüge ich plötzlich irgendwie über 85.000 DM und kaufe mir / ich muss ja irgendwie mobil und flexibel sein / einen gebrauchten 3er BMW / und irgendwie, irgendwie bin ich nun unterwegs in dringender diplomatischer Mission / irgendwie zunächst in dem von der Wende durchgeschüttelten Osten / aber irgendwie zerreißt mir kurz vor der bayrischen Grenze / die Kurbelwelle meines BMW die Ölwanne / und irgendwie versucht man mir in einer Werkstatt klar zu machen / ich brauche einen neuen Motor!" / aber irgendwie denke ich „Scheißaustauschmotor! / Die Karre wird verschrottet!" / und da ich irgendwie nicht die geringste Lust verspüre / in diesem Nest an der Grenze abzuhängen, / ich bin ja unterwegs im Auftrag des Auswärtigen Amts, / lass ich mir, damit der mich jetzt in den Osten fährt / von einer Taxifirma einen Mietwagen samt Chauffeur kommen, / und irgendwie dreht sich während der Fahrt das Gespräch mit dem Fahrer nur um das eine Thema, / was ist denn nun eigentlich so ein Diplomat / und was hat der alles so zu tun, / und irgendwie kritzele ich, als dann die Fahrt zu Ende ist / als Ziel habe ich irgendein Nobelhotel in irgendeiner noblen Nobelstadt angegeben, / auf den Rechnungsblock, / den mir der Fahrer über seinen Fahrersitz zur Unterschrift nach hinten reicht, / als Unterschrift „Auswärtiges Amt", / was von dem Fahrer auch irgendwie anstandslos akzeptiert wird, / und irgendwie checke ich dann ein in der teuersten Suite dieses teuren Hotels und irgendwie schwebe ich dann völlig in der Luft, schwebe ich völlig in der Luft usw.) UND WAS WILL EIGENTLICH SIE (kennengelernt hatte man sich am Abend zuvor in der Hotelbar und wie verabredet, hatte sie dann (in ihrem langen Mantel (und was sie darunter zu bieten hat) kurz nach eins an seine Zimmertür …) AM MORGEN DANACH IN DEM BREITEN HOTELBETT VON IHM (dem da in Amsterdam ein Freund erklärt hatte, was man noch so alles fürs Leben braucht („Also, du brauchst, / wozu muss ich dir ja nicht erzählen, / unbedingt einen Tintenstrahldrucker, / und dann brauchst du natürlich auch, / was nutzen dir die diversesten Dokumente, sind sie nicht amtlich, / zur Herstellung von Stempeln einen Stampmaker, / und dann … weißt du überhaupt / wie in die Papiere die Wasserzeichen kommen, / also brauchst du … / und wofür du ein Feingravurgerät brauchst, / aber eines das mit deinem Computer kompatibel ist, / das muss ich dir ja hoffentlich nicht erklären, / oder wie sonst willst du die Laminatfolien all deiner Pässe, / mit den entsprechenden Hoheitszeichen versehen … / aber das wirst du ja hoffentlich wissen, / wie man noch nachträglich Ausweise, Pässe usw. / noch nachträglich mit sichtbaren Sicherheitsmerkmalen ausstattet, / was … waaas, / das muss ich dir also auch noch erklären, das muss ich dir auch erklären, / also das musst du … / da musst du … / Geld zieht es ja zu Geld, / und mit den Kreditkarten von deinen holländischen Freunden, / hast du immer Geld, / brauchst z. B. 50.000 Dollar, / dann schmettere deine Unlimited-AMEX-Gold Karte deines Freundes aus Den Haag / auf den Tresen einer Bank / und eine halbe Stunde später hast du deine 50.000, / Visa-Karte setze vorwiegend nur zum Shoppen, Tanken und an den Mautstationen ein, / Hotelrechnungen bezahle, (oder hat etwa ein ehrlicher Mann, / der eine Nacht in seinem eigenen Haus verbracht hat, / dafür einen Obolus zu entrichten, / und eröffnest du bei einer Züricher Privatbank ein Nummernkonto, / dann lass dich nicht lumpen, / dann hinterleg bei denen gleich 500.000 Franken, / und wird man sich bei dir bedanken mit einem Kontokorrent-Account / inclusive zwei goldener Karten, / ja, so bunt kann Leben sein …“ usw.) WISSEN („Sag mal / aus welchem Labor / bist du denn entsprungen?“), aber er … aber er … (er hat nur noch einen Gedanken / „Ich brauch einen Klimawechsel!“ / „Ich brauch einen Klimawechsel!“ und / „Wollte ich nicht schon immer / einmal einen Elch sehen, / einmal einen richtigen Elch sehen / und ganz in Natur …!“ also … also … / bucht er noch am selben Vormittag einen Flug nach Stockholm und / hat bereits kurz nach 4 Uhr nachmittags / am Schalter der Flugplatzfiliale von Hertz so seine Schwierigkeiten / „Sie haben doch bestimmt einen 760 Volvo in ihrem Katalog …“ / „Aber haben Sie überhaupt einen Führerschein?“ / „Hier bitte, das ist mein alter DDR-Personalausweis, / wie sie ja wissen, besaß in der DDR jeder Bürger seinen eigenen PKW, / also besaß natürlich auch jeder DDR-Bürger einen Führerschein), bis die mir endlich meinen Wunsch erfüllten, / einen Volvo, einen Volvo und zwar einen 760er zur Verfügung stellen, / und los gehts mit Taxi-Voraus-Eskorte vom Airport ins First-Class-Hotel der Stadt, / mit einem kurzen Abstecher in die deutsche Botschaft, / er hat ja noch einiges zu klären / „Und Sie sind in welchem Hotel zu erreichen? / Aha, aha, aha, / aber wenn Sie gerne möchten, / wir können Ihre Angelegenheit bereits heute Nachmittag erledigen. / also, also Sie benötigen neben vorläufigen Reisepapieren, / einen Führerschein, / und welchen akademischen Grad tragen wir dann in ihre Papiere ein … / aha, aha, aha …“ / und nun kurz Skellefta Polizeistreife komm, / nun versuche ihn aufzuhalten / „O, Sie haben ja zwei Ausweisdokumente, / dieses hier ... und dieses / ... das Lichtbild ist dasselbe, / aber hier heißen sie so ... und hier heißen sie so, / ja, ja, ja, das ist ein Problem." / (Ihm war in seinen neuen BRD-Reisepass sein DDR-Personalausweis gerutscht.) „Aber nicht für einen Verbindungsoffizier / der hiesigen deutschen Botschaft für Geheimdienstangelegenheiten des Bundesnachrichtendienstes (BND) / bzw. der offiziellen Dienststellen der NATO in Deutschland! / Camouflage, meine Herren! / Camouflage! / aber falls Sie weitere Auskünfte benötigen, / ich gebe Ihnen gern die Nummer der Kanzlei / Ihres Königs Carl-Gustav, ..." / aber war er nach Schweden gedüst, / um Bullen etwas über Deutschland zu erzählen, / Elche will er sehen, / richtige lebendige Elche, / ein richtiger lebendiger Elch / soll sich endlich vor der Kühlerhaube seines Volvo in Position stellen, / damit er ... also, also ... / also setzt er im Hafen von Oskarsnamn erst einmal / mit der Fähre über nach Visby auf der Insel Gotland / aber was will er eigentlich auf Gotland, / er fährt und fährt, doch da / dämmert ihm, / er ist ja auf einer Insel, / und bist du auf einer Insel unterwegs, / da ist es auch bald soweit, / du biegst an einer Kreuzung auf eine andere Straße ein, / aber bald wird klar, / die bin ich vor kurzem doch schon einmal gefahren, / also, also ist er froh, dass dieser Herr vom deutschen Konsulat ihn in Visby zu sich einlädt, „Wie wärs heute Abend bei mir, / ein Dinner?" / und als er dann am Tag danach Gotland wieder verlässt, / ist er nicht nur reicher um den roten Diplomatenpass seines Gastgebers, / als Beigabe wurden da auch noch mitgeliefert, / die goldenen Kreditkarten, / von einem der anwesenden Herren / Kreditkarten überlässt man auch nicht einem Jackett, / dass man dann an einen Kleiderhaken hängt, / und dazu gabs auch zwei weitere Führerscheine, / ein Scheckbuch, / und Visitenkarten, / Visitenkarten, / Visitenkarten ...

usw.) SPANIEN! SPANIEN! (ABER WAS ZOG IHN EIGENTLICH NACH SPANIEN) „Geschniegelt und gestriegelt betrete ich, / wo war das eigentlich in Barcelona, / oder in … oder in … / das Büro dieses Maklers, der mich empfängt mit dieser deutschsprachigen Sekretärin im Hintergrund … „Wie sieht es denn aus mit einem Anwesen mit Pool und Meerblick, / aber bitte, bitte nicht an der Costa Brava." – „Wir hätten da das Exposé / für ein Zehn-Millionen-Dollar-Anwesen in der Nähe von Cap Ilentrisca / auf Ibiza." / Mein Interesse ist geweckt … / („Sie müssen wissen, / ich bin ein verwöhntes Milliardärssöhnchen, dem noch nie ein Wunsch nicht erfüllt wurde." In einem Restaurant bei Wein und … werden wir … mein roter Diplomatenpass, / ein großzügiger Kapitalnachweis, / ein „zufälliger Blick" auf meine in Gold und Platin glänzenden Kreditkarten uns im Beisein eines Notars schnell einig, / (Ich muss nicht einmal bezahlen,) („Aber natürlich wär es schön, wenn sie in den nächsten 9 Monaten … aber selbstverständlich. Selbstverständlich / ihr Anwesen können Sie sofort beziehen / und dort machen, was sie wollen …") Und was doch einer wie er, er ist nun Schweizer Staatsbürger, / so alles erlebt, nimmt er sich Zeit für einen Bummel durch eine Stadt wie zum Beispiel Nizza, / („Ich bummele und bummele vor mich hin, aber was ist denn das, was steht denn da in dieser Nebenstraße, was steht denn da … was da steht, / was da steht, / das ist doch … / das ist doch … / ein Ferrari Testarossa, / ein feuerroter Ferrari Testarossa, / aber wem gehört denn eigentlich der Ferrari, / wem gehört denn nun dieser Ferrari, / der gehört der Firma „Eurocar" und wer ihn mieten will, / der kann ihn mieten, / vorausgesetzt, er ist solvent, / aber so ein feuerroter Ferrari Testarossa, / das ist doch Miami Vice, / das ist Crocket, / das ist … / Pass, / Führerschein, / zwei Top Kreditkarten, / eine Bankanfrage, / eine Unterschrift / und eine halbe Stunde später /

fahr ich in einem feuerroten Ferrari Testaroassa die Küstenstraße hinter Nizza nach … und fahr … und fahr. / Villafrance, das liegt nun schon hinter mir, / und genauso Ventimiglia, / also muss doch jetzt bald San Remo, / da müsste doch eigentlich gleich San Remo kommen … wann kommt denn nun endlich San Remo, die Stadt der Rosen und der schönen Frauen …") usw., ABER, WER SICH (WIE ER) SICH SELBST VON SOLCHEN ANRUFEN („HIER IST DAS AUSWÄRTIGE AMT, / WIR HÄTTEN GERN HERRN DR. BECKER VOM AUSWÄRTIGEN AMT GESPROCHEN" – „JA, AM APPARAT." „ABER BEI UNS IM AUSWÄRTIGEN AMT GIBT ES GAR KEINEN DR. BECKER), NICHT AUS DER RUHE BRINGEN LÄSST, DER FINDET AUCH IMMER WIEDER GELEGENHEITEN, UM ÜBER SICH HINAUSZUWACHSEN („Machen Sie nur so weiter," / hatte sein Arzt zu ihm gesagt, „da werden Sie nicht alt. / „Sie und ihre Meskalinvergiftung! / Sie müssen unbedingt ihren Kreislauf stabilisieren, / in welche Klinik darf ich Sie einweisen!") „Und ich brauchte tatsächlich etwas Ruhe, / also checke ich ein im Budapester Hilton und / übergebe meinen Erste-Hilfe-Koffer / natürlich nicht meine Haschisch- und Grasreserven / dem Safe hinter der Rezeption, / 20 Liter Mineralwasser und dazu die entsprechenden Mengen an Magnesium- und Kalziumtabletten, / nicht zu vergessen pro Flasche fünf Teelöffel Kochsalz und ich bin wieder auf den Beinen, / im Fernsehen dudelt MTV, / ich ziehe meine erste Linie und schon bin ich – / Europas wichtigster Promoter für Music Clips / und habe bereits am Nachmittag die jungen Dinger der Budapester Fachschule für Medienwissenschaft / um den Verstand gebracht, … kurzfristig, kurzfristig musste alles passieren, / das Casting sollte noch am selben Abend / in der Sporthalle der Schule über die Bühne gehen, / und natürlich kann sich da die Schulleitung nicht leisten, /

irgendwelche Schwierigkeiten zu machen, / damit die mir bei der ganzen Veranstaltung zur Hand gehen, hatte ich inzwischen zwei ungarische Model-Scouts angeheuert, / die entsprechenden Fotos für die „Set-Cards“ an den Start zu bringen, / die Girls professionell abzubilden, / das war dann die Aufgabe von zwei Fotografen, / die mir ein Budapester Fotostudio für mein „Casting-Team zur Verfügung gestellt hatte, / sexy und obergeil hat ja so eine Moderatorin eines Musiksenders auszusehen, / also haben die Mädchen zum Shooting-Termin mindestens im Minirock zu erscheinen, / („Girls, ihr habt euch bitte so zu stylen, / dass euer Anblick eine ganze Nachtbar aufgeilt!“) / und selbstverständlich müssen auch Aufnahmen im Bikini-Look gemacht werden, / ich lasse mir inzwischen in einer Offset-Druckerei, / einige riesige MTV – Logos, („Promotion-Flags“ und einen Satz Blanco-Set-Cards drucken / anfallende Schreibarbeiten und „wie läuft der Termin organisatorisch ab“ / dafür zuständig waren zwei Sekretärinnen eines Budapester Sekretariatsservice, / die Sporthalle auszuleuchten und das Casting vom Anfang bis zum Ende auf Betas zu filmen, das war die Aufgabe dieser TV-Produktionsfirma, die ich bereits vom Hilton aus geordert hatte / bei mir im Brot standen außerdem noch … / Ich laufe auf zur Höchstform … / „Liebes Visagisten-Team vom ungarischen Fernsehen, perfekt haben die Girls für meine Clips auszusehen! / Perfekt!“ und „Geht nicht, / gibt es nicht! / Gibt es irgendwo Probleme, / schon bin ich da!“ … Immerhin, die ganze Aktion verschlingt eine gigantische Summe Geld und dafür muss man mir gefälligst etwas bieten … „Meine Damen, hier sind die Texte, / die meine Sekretärinnen für sie vorbereitet haben, / und jetzt gehts los, / warm machen für eine kurze Anmoderation! / Licht! Licht! / Wir brauchen mehr Licht! / In Ordnung! / und nun die Nächste bitte!“ / ich höchstpersönlich überwache den Ablauf von jedem einzelnen Casting, / greife ein, wenn ein Detail mich stört, / und was für Blicke mich da trafen / und diese Visitenkarten mit Telefonnummern, / die mir ununterbrochen zugeschoben wurden, / und diese himmlischen Augen, / die Blickkontakt suchten, zu meinen Augen … / diese himmlischen Augen …“ ( ) ( ) bzw. („Meine streng geheime Mission / als Angehöriger des Führungsstabes der NATO, / beginnt damit, / daß ich meine Reisetasche packe / und mich von einem Taxi zum nächstgelegenen Autohaus fahren lasse, / da man dort meinen Wunschwagen, einen MERCEDES BENZ AMG S63, erst bestellen muss, / stellt man mir als Ersatz einen BENZ AMG S6 zur Verfügung, / das alles passiert ohne weitere Komplikationen / mein gefälschter US-amerikanischer Diplomatenpaß ist völlig ausreichend, / da meine Haschischbestände verbraucht sind, / heißt es zunächst, also los, ab nach Amsterdam, / natürlich ist es wegen der hohen Geheimnisstufe meiner Mission ratsam, / ich beziehe kein Quartier in der Stadt, / sondern miete mir irgendeine Ferienwohnung außerhalb, / die Wohnung, die ich miete gehörte einem Polizistenehepaar, / häuslich aufgenommen von zwei Polizisten, / was kann da noch schiefgehen / und bereits am zweiten Abend meines Hierseins, ist es auch schon so weit, / die beiden laden mich zum Essen ein / wir sind ja auch gewissermaßen Kollegen, / sie beide sind bei der Polizei, / ich US-Mariner, der verantwortlich ist, / für die Sicherheit der US-Botschaft, / also, also, zwischen uns die Chemie ist bestens, / und wie bei Holländern so üblich, / wird nach dem Essen erst einmal ein Wasserpfeifchen angesteckt / und ganz entspannt gekifft, / „James“, will da mein Gastgeber wissen, / „warum fehlt eigentlich an deinem Benz das Diplomatenkennzeichen?“ / „Ach, Wim! wie soll ich dir das erklären?! Camouflage! Camouflage! / Wim, du weißt doch selber, / wir Diplomaten sind nun einmal für gewisse Leute eine sehr beliebte Zielscheibe. / Aber vielleicht hast du Recht, / wie auch immer, / ein polizeiliches Kennzeichen / gehört nun einmal nicht in den Kofferraum." / also lasse ich gleich in der nächsten Stadt ein Diplomatenkennzeichen prägen, / und Wim ist so freundlich, / mit Hand anzulegen, meinen Benz in einen Diplomatenwagen zu verwandeln. / „James, noch ein Magnetblaulicht, / soll ich es dir aufs Dach schrauben, / so etwas braucht man eigentlich immer ...". Wim ist wirklich ein sehr hilfsbereiter Mensch, / da erhalte ich per Telepathie von Uncle Sam den Auftrag, / unter Wahrung höchster Geheimhaltung / in Mecklenburg-Vorpommern eine NATO -Sicherheitskonferenz zu organisieren, / also ein Job ganz nach meinem Geschmack, / und los gehts mit Blaulicht / mit Blaulicht fahre ich am selben Tag ein in dieses Nest am Plauer See ... (ABER HIER WAR DOCH ... WAR NICHT HIER, WO IM FENSTER EINER RUINE EINE BIRKE WÄCHST EIN BAUZAUN DIR DEN WEG VERSPERRT ... WAR NICHT HIER ... SPEZIALKINDERHEIM ...) war nicht hier, / wo ich gleich am Tag danach vom Bürgermeister / zum Mittagessen eingeladen werde und ich / noch bevor wir zum Nachtisch kommen, / mir erst einmal auf dem Klo des Bürgermeisteramts einige Gramm „Kali-Mix" rein zische ... hier war doch, hier war, und jetzt sitze ich da / an einem Tisch mit einem Bürgermeister und mache meine Ansagen ... / „Also ich bräuchte ... (am günstigsten wäre natürlich uns würde ein ganzes Hotel zur Verfügung stehen", / und „ob sie es glauben oder nicht, / auch Generäle, Staatssekretäre usw. kriegen hin und wieder Schnupfen, / es muss da schon eine gewisse Anzahl von Betten zur Verfügung stehen." / „Also, das könnten Sie regeln." / „und wie sieht es denn aus mit Büroräumen?" / „Also ich selber bräuchte schon, / wenn Sie sich einmal notieren wollten ..." / „Und was die Ausstattung betrifft, /

hier im Ort gibt es doch bestimmt ein Möbelhaus …" / „Und bei der Technik für meine Büroräume / können Sie mir bestimmt / vorübergehend aushelfen, / also ich bräuchte, und das können Sie mir vielleicht noch heute im Laufe des Tages liefern … / und schon am nächsten Tag glühen im Bürgermeisteramt die Telefone, / „Was ist denn bei euch los?" / „Eine NATO-Konferenz mit höchster Beteiligung? / Ist das so etwas, was letztens in Toronto?? / Das gibt Publicity!" / na, was wollten die eigentlich noch, / wär es nach mir gegangen, / hätte ich auch noch ein zweites Hotel räumen lassen, / und die schicken mir diese beiden Dorfpolizisten an den Hals, / mich bei meinem nachmittäglichen Kaffee zu stören / „Könnten wir einmal ihre Papiere sehen?" / „Ja, und dann / Ihnen muss ich wohl nicht erklären, / was bedeutet diplomatische Immunität, / diplomatische Immunität bedeutet, / ich stehe jetzt von meiner Kaffeetafel auf / und lasse Sie und ihr Landeskriminalamt einfach stehen … / Na los, sperren Sie nur Mund und Nase auf, / was so ein Diplomat sich alles erlauben kann, / ja, was sich so ein Diplomat alles erlauben kann …" usw.) UND DER DURCHAUS AUCH WEISS, WIE ER SOLCHE HERAUSFORDERUNGEN ÜBERSTEHT ERLEBNISSE ÜBERSTEHT („Einmal, / ein einziges Mal, / und das war in Omis, an der kroatischen Adriaküste, / verlässt mich dann doch das Glück, / ich hatte, um in aller Ruhe zu überlegen, wie nun weiter, / einen Zwischenstopp eingelegt, / und meinen Benz in irgendeiner Seitenstraße abgestellt, / mich vor ein Café gesetzt, / und hatte dann auch eine Idee, / doch als ich zu meinem Benz zurückkomme, / ist der fachgerecht geklaut / mit allem was ich da im Kofferraum mit mir führe, / all die Dokumente, / die Pässe, / Ausweise, notariellen Beglaubigungen, / habe nur noch, was ich / unmittelbar am Leib trage / und 700 Dollar Klimpergeld, aber wie komme ich nun in die Schweiz, / wie komme ich zu meinen Schließfächern, / zu meinen Karten, und überhaupt … / erst einmal lasse ich mich / von einem deutschen Touristen absetzen / vor einem Hotel am Stadtrand von Split, / was ich betrete, ist eine recht großzügige Hotelhalle, / direkt dem Eingang gegenüber die Rezeption, / im Raum verteilt Ledermöbel, Couchtische, / aber woher kommen denn diese Partygeräusche, / ah, da hinten in der Ecke sitzen welche um einen Tisch herum / und sind ziemlich laut zugange / man bechert Whisky, / schlürft Dosenbier, / instinktiv geselle ich mich zu ihnen, / werde auch mit einem „Hallo" begrüßt, / es ist eine Rugby-Mannschaft aus Leeds, / die hier in Split ein Spiel gewonnen hatte / und das nun entsprechend feiert / „Ein Bier?" – / „Yes, thank you." / neben dem, was da in sich hineingeschüttet wird, / erspähten meine wachsames Augen natürlich auch sofort, / da auf dem Tisch stehen ja auch / einige Döschen Koks, / aus denen ich mich natürlich sofort bediene, / aber wohin bin ich eigentlich geraten, / ich fixiere Quadratmeter für Quadratmeter der Hotelhalle / und bleibe schließlich bei der Rezeption / und bei den Schlüsselfächern hinter der Rezeption hängen, / fast in jedem der mit den einzelnen Zimmernummern versehen Fächern liegt ein Reisepass, / den man beim Einchecken hinterlegt hatte, / aber wo sind denn nun die blauen Pässe der Engländer, / ah, da oben, sie nehmen fast die beiden oberen Reihen des Schlüsselfaches ein, / ich kippe mir noch schnell eine halbe Dose Bier auf die Hose / und schwanke stinkend wie eine Brauerei / hin zur Rezeption, / scanne bereits aus der Entfernung / die Zimmernummern der Engländer in meine Birne / und lalle kaltblütig den beiden Mädchen hinter der Rezeption zu / „Key Number … and the Passport …", / was mir auch anstandslos von den beiden / auf den Tresen gelegt wird, / ganz die Ruhe selber / schwanke ich zum Lift, / mache mich noch im Lift / auf der Fahrt nach oben kundig, / ich heiße nun Steven James … / bin geboren am … / in … , / der Schlüssel passt, / es ist ein Dreibettzimmer und kaum, dass die Tür hinter mir ins Schloss fällt, / mache ich mich auch schon / schnell und präzise an die Arbeit, / es sind immerhin / drei Reisetaschen und drei Rollkoffer in Augenschein zu nehmen, / aber es lohnt sich, / Führerschein, / Leedser Bankkarten, / Scheckbücher, / Visa-Cards, / Briefkuverts mit Bargeld, / eines sogar mit hundert Pfund Noten, / und das alles in dreifacher Ausgabe, / und einer der Boys hat dazu auch noch / genau meine Größe, / noch im Zimmer übernehme ich / seine Wechselwäsche, / fahre mit den Lift nach unten, / gebe an der Rezeption den Schlüssel wieder ab, / winke den Boys noch von weitem zu / und verlasse schleunigst das Hotel, / nur weg, / weg, / weg, / in die Schweiz, / in die Schweiz … usw.) bzw. („ Wohin bin ich mit meinem 360er BMW eigentlich unterwegs, / Richtung Zagreb, / da werf ich, / warum wohl wirft man im Traum / einen Blick in den Innenspiegel seines Autos, / und da sehe ich es auch schon, / da hinter mir diesen anderen BMW, / den ich doch schon einmal gesehen habe, / der fährt doch schon eine ganze Weile / auf der Autobahn hinter mir her, / ein BMW, und drin sitzen vier Kerle, / Achtung, / Achtung, / das sind doch Typen von irgendeinem Geheimdienst, / vermutlich vom serbischen, oder kroatischen, / oder … / aber was wollen die von mir, / warum verfolgen die mich, / doch da sehe ich es schon, / aus dem BMW hinter mir wurde soeben auf mich geschossen, / und komisch, / ich kann das Projektil, das da soeben auf mich abgefeuert wurde, / sogar deutlich sehen, / sehe ganz deutlich, / wie es im Zeitlupentempo unterwegs ist, / wie es meinem BMW immer näher kommt, / und jetzt zerschlägt es die Frontscheibe meines BMW, / und jetzt spüre ich deutlich, / nun dringt es ein in meinen Hinterkopf, / dringt durch die Schädelknochen, / dringt durch mein Gehirn, / und nun klatscht mein Gehirn, / durch den viel größeren Ausschußkanal gegen die Heckscheibe meines BMW ... usw.) UND DER AUS ALL DEM DURCHAUS SEINE EIGENEN SCHLÜSSE ZIEHT („Papier und Stempelfarben / und dazu ein computerkonvertibles Feingravurgerät, / das sind die Grundlagen von aller Macht und aller Herrlichkeit, jeder Stempel macht dich reicher, / mächtiger, / eröffne bei Banken in ganz Europa Konten / und miete dir Schließfächer, / in denen du deine ganzen zusammengerafften Papiere deponierst, / bestelle Luxusautos und / äußere dabei ruhig ausgefallene Sonderwünsche, / miete bei Maklern sinnlos Wohnungen / Stillstand darf es nicht geben, / du verpasst sonst Wichtiges, / lass die Sau raus und / vögele bis zum geht nicht mehr / den verkoksten Restverstand aus deiner Birne, / übrigens im Augenblick arbeite ich im Auftrag der Forschungs- und Entwicklungsabteilung einer „US-Dependance", / die in Kooperation mit NSA und der NASA / an einem Kommunikationssatelliten-Programm arbeitet, / natürlich TOP SECRET ..." usw.) SITZT NUN WIE LANGE SCHON (Irgendwie, irgendwie / treibe ich einen 560er Benz auf, / und ziehe sie wieder an, / meine schmucke Ausgehuniform der Legion und / begebe mich auf eine Reise, / deren Ziel ich erst noch herausfinden muss, / und auch diesmal zieht es mich / wieder in den Osten / direkt in Luthers Stadt an der Elbe, / aber hier wird mir auf dem Parkplatz vor meinem Hotel / erst einmal von irgendeinem S-Klasse Fan / mein Benz geklaut, / na und, wenn schon, / als Uniformträger erstatte ich selbstverständlich Anzeige bei der Polizei, / und dort ist man so beeindruckt von meiner Uniform, / dass alles in Gang gesetzt wird, / dass mir noch am selben Tag / ein Leihwagen zur Verfügung gestellt wird, / leider nur ein VW Jetta, / aber was solls, / Auto ist Auto und / Hauptsache das Teil fährt /

und ich verlasse Wittenberg / noch immer ohne konkretes Ziel, / (aber was war das eigentlich für ein Zeitungsartikel, / der mir da an einer Tankstelle in die Hände fiel, / selbst dafür wären die Ostdeutschen zu blöd, / eine richtig funktionierende Bank zu überfallen, / Beweis dafür wäre, / wenn im Osten schon einmal eine Bank überfallen wird, / dann sind es immer Banden aus dem Westen, / „Dieser Idiot! / Den rufe ich jetzt an in seiner Redaktion! / Aber was wird da schon herauskommen, / der redet sich heraus, / besser wäre da schon, / da wär schon besser, am eigenen Beispiel …“), MIT DIESEM 146 EURO IN DER TASCHE IN DIESEM CAFÉ AN DIESEM ETWAS LANGGESTRECKTEN MARKTPLATZ (IM HINTERGRUND ÜBER DEN DÄCHERN DIE ERSTEN BERGE DES THÜRINGER WALDES) UND WO DIE BEDIENUNG, ALS ER, UM ZU BEZAHLEN, SEINEN 100 DM SCHEIN HINHÄLT, „TUT MIR LEID“ SAGT, „ABER DEN KANN ICH NICHT WECHSELN, ABER NEBENAN IST EINE SPARKASSE, DIE HELFEN IHNEN BESTIMMT GERNE WEITER, ALSO … ALSO (also, also … / ziehe ich, da es etwas kühl ist, / über meine Uniformbluse meine schwarze Lederjacke / und mache mich auf den Weg, / aber das nebenan, was man da zur Sparkasse erklärt hat, / ist überhaupt keine Sparkasse / ist in einem Einfamilienhaus ein Wohnzimmer, / zwei Tische hatte man da zusammengeschoben / und dahinter sitzen, vor sich eine alte ehrwürdige Geldkassette zwei ältere Kassiererinnen / als ich diesen Witz von einer Bank betrete, / ist eine Oma gerade dabei, / die Bank wieder zu verlassen / „Den können Sie doch bestimmt wechseln!“ / bereits von der Tür aus winke ich den beiden an den Tischen mit meinem Hundertmarkschein zu / und danach geht alles schnell, / sogar sehr schnell, / eine der beiden Kassiererinnen ist noch dabei, mir einen Fünfzigmarkschein, ein Zwanziger usw., / auf den Tisch zu zählen, / da halte ich ihr meine Schreckschußpistole / sie gehört seit längerem zur Grundausstattung meiner Uniform, / vor die Nase, / „Vielen Dank Oma, / aber jetzt gib mir bitte den Schlüssel von eurer Bank!“, / instinktiv fische ich aus dem Schlüsselbund, / das mir die Oma artig hinhält, / den Schlüssel heraus / mit dem ich die Bank abschließen kann / schließe die Bank ab / und mache mich nun daran (die beiden stehen da, sperren Mund und Nase auf und verstehen nichts, / alles Geld, was da in der Kassette und sonst wo herumliegt / meiner Tragetasche zu übergeben, / schade, dass ich dabei übersehe, / selbst diese Bank verfügt über einen eigenen Safe, / dessen Schätze ich mir nicht hätte entgehen lassen sollen, / trotzdem, als ich das Etablissement nach 10 Minuten wieder verlasse und in meinen Jetta springe, / bin ich um ca. 20.000 DM reicher, / und warum geht jetzt nicht hier, / so eine richtige Verfolgungsjagd los, / wie im Kino über Stock und Stein, / mit aufheulenden Motoren und quietschenden Bremsen / wie im Las Vegas Coup … / Hallo, Leute, wo bleibt ihr, / ich habe soeben eure Bank überfallen, / mir ein Batzen Geld geholt / jetzt tut etwas, / wie lange wollte ihr mich noch / unbehelligt über eure Straße kutschen lassen, / o, kann man noch blöder sein, / als in diesem Streifenwagen diese Bullen, / die waren mir doch bereits auf den Fersen / hingen doch schon an meiner Stoßstange, / die müssten doch jetzt … / oder was stellen die sich denn unter so einem Bankräuber vor, / ist ca. 40 Jahre, trägt einen Cowboyhut / und sieht auch ansonsten sehr gefährlich aus, / daß sie jetzt, wo sie auf der Straße mit mir auf gleicher Höhe, / sie mich anglotzen und … / na, na, … / kuck hin, du siehst doch, der hat Uniform an, / und der hängt sogar Lametta, / nee, nee, von dem lassen wir besser die Finger, / … und Gas geben und sich aus dem Staub machen, / und was wünschte ich mir von dieser

Streife,/die mich dann doch an den Straßenrand gewinkt hatte, dieser Ex-Vopo/„ Wünsche gute Weiterfahrt, Herr Oberst!“,/„Das kann doch nicht wahr sein!“/„Das kann doch nicht wahr sein!“/also, also biege ich von der Straße ab und biege ein auf einen Waldweg,/aber wo bin ich überhaupt,/wo bin ich überhaupt,/ich bin dort,/wo quer über den Waldweg ein umgestürzter Baum liegt,/ und ich mit meinem Jetta nicht weiterkomme,/wo Entsorgung angesagt ist,/der Jetta abgefackelt wird und ich nun pedes mich bemühen darf,/wie komme ich von hier weg,/aber wo bin ich überhaupt,/wo bin ich überhaupt,/ich bin dort, /wo ich nun schon eine halbe Stunde unterwegs bin,/aber um mich herum ist noch immer Wald,/und jetzt bin ich schon über eine Stunde unterwegs,/aber dieser Wald hört einfach nicht auf,/ und dann muss ich auch noch stehenbleiben,/vor dem Maschendrahtzaun einer Müllhalde,/und die ist fast so hoch wie die Berge im Hintergrund,/und darf nun zusehen, wie pausenlos über Serpentinen/Müllaster die Müllhalde nach oben fahren,/immer höher, nun noch höher/aber noch haben sie es weit,/bis die oben angekommen sind/und darf mich dann vor der Einfahrt einer Müllhalde gedulden/und gedulden und gedulden/bis sich da eine Schranke hebt für einen Laster/der auf dein Winken nicht nur anhält,/sondern die Jungens lassen mich sogar/nach oben in ihre Fahrerkabine klettern,/ o, was die dann für Augen machen,/als ich beim Aussteigen vor einem Autohaus/(„Könntet ihr vielleicht hier halten!“)/jeden von ihnen einen Hundertmarkschein in die Hand drücke,/„Sie vom Autohaus,/sie haben doch bestimmt einige Kleinwagen in ihren Angebot ...!“/ „Wir hätten da .../er gehört einer Kasseler Computerfirma,/die will ihn aber verkaufen.“/„Aber wo sind eigentlich die Fahrzeugpapiere des Mazda?“/„Weiß jemand,/ wo die Fahrzeugpapiere des Mazda sind?“/„Die schickt uns der Verkäufer erst zu, / wenn der Wagen verkauft ist." / „Macht nichts, macht nichts, / ich bin in zwei, drei Wochen / wieder in dieser Gegend, / da hole ich mir die Papiere ab." / „Ich darf doch in cash bezahlen, / also, was bin ich ihnen schuldig ..." / und dann ist es bereits / abends kurz nach sieben, / als ich mit meinem Mazda einrolle in die berühmte Messestadt, / aber wieso ist hier an jeder Straßenecke Polizei präsent, / nach wem wird hier gesucht / wen suchen die / etwa mich / o, da ist schon besser, / ich, wenn ich schon hier Quartier beziehe, / dann in der ersten Adresse der Stadt, / und die hieß damals noch Hotel Merkur, / aber wieso wimmelt es denn hier in der Hotelhalle / derartig von Presseleuten, / und dazu dieses Kamerateam vom ZDF, / dass sich, kaum dass ich die Hotelhalle betrete, / sofort auf mich stürzt, / aha, die haben meine Uniform gesehen / und halten mich für ein großes Tier, / „Bitte, bitte, meine Herrn, keine Aufnahmen, / bitte, bitte, Interviews später, / in zwei Stunden drüben an der Hotelbar!" / „Was hier los ist, / warum dieser Großeinsatz von Polizei, / was, das wissen Sie nicht ...!" / später in meinem Zimmer sehe ich es bei N24 / nach einem Fußballspiel hatte es in der Stadt massive Ausschreitungen gegeben, / na bitte, das also ist es, / also, also, hier bin ich wieder einmal erforderlich, / also, also ziehe ich vom Klett am linken Oberarm / na was wohl ... (das französische Nationalitätszeichen) ebenso, na was wohl ... (diesen bogenförmigen Schriftzug Legion ...) / und gehe nach unten in die Hotelhalle, / „Also, soweit ich informiert bin, / gab es wieder einmal / die üblichen Hooligankrawalle, / aber müssen wir von der GSG9 uns nun um alles kümmern, / Sie können ja notieren ..." / und ist es dann auch reichlich spät / und habe ich von Roulette nicht den blassesten Schimmer / schlendere ich doch noch drüben ins ... ins ... (hoteleigene Spielkasino) / und als ich am Morgen danach / noch vor dem Frühstück mein

Geld zähle, / habe ich zu dem, was ich mir bei der Bank genommen hatte, / dazu noch einmal das ... das ... das ... (dreifache) / früh in dem breiten Bett eines Hotels, / wo dir nach deinem Einchecken / das Gepäck ins Zimmer getragen wird, / du beim Einchecken nur ansagen musst, / „Das Frühstück, das bringen Sie mir doch bitte ...", / und wird dann auch tatsächlich punkt halb neun / in einem Wägelchen das Frühstück dir ans Bett geschoben, / und hast du dann auch noch lange und ausgiebig im Bett gefrühstückt, / da muss man doch auf die besten Ideen kommen, / „Hallo, ist dort die Rezeption?" / „Verbinden Sie mich doch bitte mit dem hiesigen Polizeipräsidenten." / „Ja, hier ist Becker, Dr. Becker vom Bundesinnenministerium, / spreche ich da mit ... / ich nehme an, Sie haben unser Schreiben erhalten, / wissen also um was es geht ... / waaaaas, Sie wissen gar nichts, Sie haben keinerlei Vorstellung, / aber soweit ich weiß, / ist unser Schreiben an Sie / bereits letzte Woche herausgegangen, / tja, und nun ... / und nun ... / ich nehme an, Ihnen wird es trotzdem möglich sein, / hierher ins Hotel Merkur / zwei Polizeifahrzeuge mit Blaulicht und Sondersignal zu schicken, / um einen höheren Beamten der GSG9, / der unterwegs ist als Kurier des Innenministers, / zu eskortieren / wohin die Reise geht, / das erfahren die Kollegen, wenn es losgeht, / also bestätigen Sie den Befehl, / oder nicht ... / also bestätigen Sie den Befehl ..." / „Hallo, ist da die Rezeption, / hier ist Dr. Becker, / mir aus ihrer hoteleigenen Flotte einen 560er Benz mit Fahrer zur Verfügung zu stellen, ist das machbar? / Danke ..." / „Bitte, bitte, meine Herren, / sie erfahren noch früh genug, was hier passiert ...! / (sind das Presseleute oder Schmeißfliegen, die mich da, / als ich die Hotelhalle betrete, / von allen Seiten umschwärmen / „Sagen Sie! ... und „Stimmt es? ...") / Aber was brauche ich eigentlich noch / was brauche ich eigentlich noch / (ich brauche um meine summa summarum 80.000 einigermaßen sicher zu deponieren / einen … einen … (Aktenkoffer), / also … also begebe ich mich erst einmal in … in … / (in den hoteleigenen Shop) / und was sage ich auf dem Weg dahin zu den Damen der Rezeption? / ich sage … ich sage … („Sie informieren mich, / wenn mein Konvoi eingetroffen ist …") / und welchen Spaß hatte ich mir noch erlaubt, / bei meinem Gespräch mit dem Polizeipräsidenten, / ich hatte mir erlaubt zu sagen … („Leider ist am Fahrzeug des GSG 9 Beamten, / das Blaulicht ausgefallen …") / also … also sind als ich aus dem Hotel trete … / (zwei Vopos beschäftigt, auf dem Dach des hoteleigenen Benz ein Blaulicht zu befestigen) „Herr Staatssekretär! Herr Staatssekretär!" / und was macht denn nun ein Staatssekretär, / tritt er aus einem Hotel / und vor ihm wird die Tür eines 560er Mercedes aufgerissen, / er lässt sich, er lässt sich … / (auf den Rücksitz der Nobelkarosse fallen), „Herr Staatssekretär!" Herr Staatssekretär!" / und was antwortet ein Staatssekretär, / wenn man ihn dann fragt / „Und wohin geht nun die Reise?" / („Die Reise geht nach …" (in dieses Nest an der Elbe und / zum dortigen Polizeipräsidium) / „Herr Staatssekretär! Herr Staatssekretär!" / „Und auf wen warten denn da vorn / gleich hinterm Ortsausgangsschild die beiden Streifenwagen?" / („Auf uns, auf uns, Herr Staatssekretär auf uns, / damit wir uns nicht verfahren / und ganz sicher durchs Sachsenland kommen, / mit Festbeleuchtung und Tatütata!" / „Und wer ist das, / der uns in der Tür des BdVP bereits erwartet?" / („Das ist ein Oberst und seine Offiziere, die sich freuen / Sie, Herr Staatssekretär mit Zack zack zu begrüßen!") / „Herr Staatssekretär! Herr Staatssekretär!" / und was lässt er sich dann da in der Höhle des Löwen, als erstes zeigen (zunächst einmal … (die Räumlichkeiten …) / „Herr Staatssekretär! Herr Staatssekretär! / „Und wessen Sorgen und Nöte sind es, / von denen ihm dabei berichtet wird, / (von den Sorgen und Nöten der ... der ... (Polizisten) / „Herr Staatssekretär! Herr Sekretär!" / und was will man ihm zum Abschluss dann noch unbedingt zeigen, / den ... den ... (Schießstand) / Herr Staatssekretär! Herr Staatssekretär!" / Und was ist es, über das er sich da nur noch wundern kann" / („Waas, hier laufen Polizisten noch immer / mit ... Makarovs in der Pistolentasche rum!" / „Herr Staatssekretär! Herr Staatssekretär!" / denn was sollte nach seiner Meinung jeder Polizist wissen, / (eine Makarov, eine Makarov, die richtet doch nur Schaden an, wenn man sie ... wenn man sie ... (jemanden an den Kopf wirft) / „Herr Staatssekretär! Herr Staatssekretär!" / und gegen was, hatte er dann am Ende seines Besuchs gar nichts mehr einzuwenden, / (dass man ihn einlädt zu einem ... zu einem ... (Häppchen) / „Herr Staatssekretär! Herr Staatssekretär!" / und wie ging es dann zurück ins Hotel / (mit Blaulicht und ... Tatütatatatütatatatü ... (usw.) POLIZEI! POLIZEI! POLIZEI (VERDAMMT DIE SCHECKS SIND ALSO DOCH GEPLATZT ABER WIE HABEN DIE MICH ÜBERHAUPT AUSFINDIG ES WAR DAS ORTUNGSSYSTEM DES FERRARIS ES WAR DAS ORTUNGSSYSTEM) ES WAR EINMAL EIN TORSTEN WAR DESSEN LEBEN NICHT EIN EINZIGER MÜLL / SO JEDENFALLS MEINTE ES DIESER TORSTEN UND / ER DACHTE / WENN MEIN LEBEN SCHON MÜLL IST, / WIRD ES DOCH HÖCHSTE ZEIT, / DASS ICH MICH SELBST ENTSORGE. / ABER WOHIN NUN MIT MIR MÜLL / TORSTEN, WOHIN? / WOHIN SONST, / ALS IN DIE NÄCHSTE MÜLLTONNE!" / ABER FINDE ERST EINMAL EINE MÜLLTONNE / IN DER PLATZ GENUG IST FÜR EINEN EINSNEUNZIG-RIESEN, / WIE ES DIESER TORSTEN NUN EINMAL WAR. / UND AUSSERDEM, / DIE MEISTEN MÜLLTONNEN IN ALL DEN HAUSEINGÄNGEN, HINTERHFEN, /

ZU DENEN SICH DIESER TORSTEN AUF SEINE WEISE / SICH EINEN ZUGANG VERSCHAFFT HATTE: / „KLINGELINGLING, / KÖNNTEN SIE MIR VIELLEICHT DIE TÜR AUFMACHEN, / ICH MUSS DEM HERRN … / EINEN BRIEF IN DEN BRIEFKASTEN WERFEN …“, / WAREN MEIST SO VOLL MIT MÜLL, / DASS SIE IHREN DECKEL WEIT AUFSPERRTEN, / WIE KLEINE VÖGEL / WENN SIE HUNGER HABEN UND / IN IHREM NEST DIE SCHNÄBEL AUFSPERREN, / „WIR WOLLEN MEHR!“ / „WIR WOLLEN MEHR!“ / IN DENEN IST FÜR IHN NUN WIRKLICH KEIN PLATZ MEHR / „SOLL DAS ETWA HEISSEN“, / STÖHNTE DA DIESER TORSTEN, (DER VON DEM VIELEN SUCHEN SCHON ETWAS MÜDE GEWORDEN WAR, / „SELBST FÜR MICH MÜLL, / DER VERSCHWINDEN WILL / GIBT ES HIER AUF DER ERDE KEINEN PLATZ!“ / ABER DA … DA … WAS KONNTE ER DA SEHEN / WAS STAND DA VORN AUF DEM GEHWEG EINER LANGEN VORORTSTRASSE, / NICHTS ANDERES ALS EINE MÜLLTONNE, / UND MACHTE DA NICHT GERADE EIN MÜLLAUTO, / VOR DIESER MÜLLTONNE HALT, / UND DA WAR JA AUCH SCHON EIN MÜLLFAHRER ZUR STELLE, / DER HIN ZUR MÜLLTONNE EILTE, / SIE PACKTE UND HIN ZUM MÜLLAUTO ROLLTE, / O, AUCH AUS DER ENTFERNUNG WAR ZU SEHEN, / WIE GIERIG DAS MÜLLAUTO / JETZT DA DIE MÜLLTONNE AN SEIN MAUL GEHOBEN WURDE, / DIESEN SCHLUND AUFSPERRTE / UND GIERIG DIESEN GANZEN MÜLL / IN SEINEM AUFGERISSENEN SCHLUND VERSCHWINDEN LIESS / UND DA STAND SIE NUN VOR IHM / DIE GERADE GELEERTE MÜLLTONNE, / VON DER ER NUN

NUR NOCH DEN DECKEL HEBEN, / NUR DIE ENTSPRECHENDEN BEWEGUNGEN MACHEN MUSSTE, / UND ENDLICH WAR ER DORT ANGEKOMMEN, / WOHIN ER NACH SEINER MEINUNG GEHÖRTE. / O, DAS MUSS SCHON EIN KOMISCHER ANBLICK GEWESEN SEIN, / IN EINER LANGEN VORORTSTRASSE, / IN DER NUN WIRKLICH NICHT VIEL LOS WAR / STEHT AM RANDE DES GEHWEGES EINE MÜLLTONNE / IHR DECKEL IST HOCHGEKLAPPT, / UND AUS DER MÜLLTONNE RAGEN DIE BEINE EINES MENSCHEN, / DENN NATÜRLICH WAR AUCH DIESE MÜLLTONNE / OBWOHL SIE NUN LEER WAR / FÜR DEN RIESEN TORSTEN VIEL ZU KLEIN, / ER KONNTE ZWAR NOCH SEINEN KOPF UNTERBRINGEN, / SEIN HALS, / SOGAR NOCH MEHR ALS SEINEN OBERKÖRPER, / ABER DIE BEINE, DIE BEINE … / („WIE GEHT ES IHNEN, HERR KAMMERSÄNGER, / HEUTE NACH IHREM 76. GEBURTSTAG, / WAS MACHT DIE KUNST?“ / „NA JA, / DIE STIMME GEHT NOCH, / ABER DIE BEINE, DIE BEINE …“) / UND SO PASSIERTE BALD, / WAS PASSIEREN MUSSTE, / KAUM DASS TORSTEN STELLUNG BEZOGEN HATTE / IN SEINER MÜLLTONNE / DA KAM AUCH SCHON ER, / DER SCHON DEN GANZEN VORMITTAG GEWARTET HATTE, / DASS DAS MÜLLAUTO VORBEIKOMMT UND DIE MÜLLTONNE LEERT, / UND IN DER MÜLLTONNE ENDLICH PLATZ IST FÜR SEINEN MÜLL. „WAS FINDET DENN HIER STATT“? RIEF DER MANN, / ALS ER MIT SEINEM VOLLEN MÜLLEIMER AUS DEM HAUS KAM, / VOLLER SEHNSUCHT NACH ERLEICHTERUNG AUF DIE MÜLLTONNE ZUGING, / ABER DANN … / „HEUTZUTAGE IST

MAN WOHL VOR KEINER ÜBERRASCHUNG MEHR SICHER! / JETZT WIRD EINEM ALSO AUCH NOCH DIE MÖGLICHKEIT GENOMMEN, / SICH VON DEM ZU TRENNEN, / WAS MAN PARTOUT LOSWERDEN MÖCHTE! / KERL, DAS HIER IST EINE MÜLLTONNE, / UND DER ZWECK EINER MÜLLTONNE IST, / DAFÜR ZU SORGEN / DASS UNSERE STADT NICHT UMKOMMT IM MÜLL! / PENNER, UNSERE STADT SOLL SAUBER BLEIBEN, / ALSO VERSCHWINDE! / ODER SOLL ICH MEINEN GANZEN MÜLL / DIR ZWISCHEN DIE BEINE KIPPEN! / ABER ERSTENS SO HOCH KOMME ICH GAR NICHT, / UND ZWEITENS ... ALSO VERSCHWINDE!" / UND SO BLIEB DIESEM TORSTEN NICHTS ANDERES ÜBRIG ALS ... WER IST DAS DA, DER IHN / KUCKT ER IN EINEN SPIEGEL / ANKUCKT ... / IRGENDWANN ALS ICH WIEDER EINMAL / IN MEINER UNIFORM LEGION ... / ZIELLOS DURCH DIE GEGEND GEFAHREN BIN / MUSSTE ICH IRGENDWANN VOR EINER KREUZUNG WARTEN / DASS EINE AMPEL AUF GRÜN SCHALTET / ABER NICHTS PASSIERTE / NICHTS PASSIERTE / DA SEHE ICH DA VOR MIR / VOR DER KREUZUNG WARTET EIN BULLENWAGEN / WARTET GENAUSO WIE ICH, DASS ER ENDLICH WEITERFAHREN KANN, / UND DA STEIGE ICH AUS, GEHE NACH VORN ZU DEN BULLEN. MACHE DEM FAHRER EIN ZEICHEN / ER SOLL DIE SCHEIBE HERUNTERLASSEN, / WAS DER DANN AUCH TUT UND / DA ERTEILE ICH IHM DEN BEFEHL, / „FAHREN SIE MICH AUF KÜRZESTEM WEG ZU IHRER DIENSTSTELLE!" / UND DER BEFEHL WIRD DANN AUCH PROMPT AUSGEFÜHRT ... / STILL IST DAS LAND / IST

STILL / HECKEN, / BUSCHGEKRÄUSEL, / BÄUME / ZWISCHEN WEITEN FELDFLÄCHEN / EIN FELDWEG / UMSÄUMT VON SCHATTENMORELLEN / ICH MUSS JA GAR NICHT MEHR STERBEN, / ICH BIN JA SCHON TOT. / EINMAL / WAR ICH IN SCHEUDER BEI KÖTHEN, / DA KUCKTE MICH STILL EINE GANS AN / SIE GING MIT ANDEREN GÄNSEN IM GÄNSEMARSCH AN EINER SCHEUNE VORBEI / KUCKTE MICH AN / KUCKT MICH LANGE AN / DAS AUGE EINER GANS IST STARR UND HAT UM DIE PUPILLE GRÜNE RINGE ... „ABER JETZT ERZÄHL SCHON, TORSTEN, WIE WAR ES NUN DAMALS IN DIESER NACHT, ALS DU NACH DIESER STUNDENLANGEN FAHRT MIT DEM GEKLAUTEN LADA DURCH DIE DIVERSEN BEZIRKE AUF DER WEIDENDAMMER BRÜCKE STANDEST UND WARST MÜDE, MÜDE, MÜDE, DOCH DEIN BLICK GING NACH DRÜBEN ZU DEM PALAST DERT TAUSEND TRÄNEN, VOR DESSEN TOR AUCH IN DIESER NACHT VIELE VIELE MENSCHEN STANDEN UND HEULTEN, HEULTEN, ABER FÜR SIE BLIEB DAS TOR DES PALASTES GESCHLOSSEN, ABER DU AUF DER WEIDENDAMMER BRÜCKE DACHTEST, LEUTE, HEULEN HILFT DA NICHT WEITER, ALSO ICH, UM NICHT MEHR LÄNGER HERUMZUSTEHEN, WÜRDE JETZT ... UND ALS DU WIEDER AUFWACHTEST, ODER BESSER, UNSANFT GEWECKT WURDEST, STANDEN VOR DIR DREI MANN IN DIESER GRAUEN UNIFORM UND MIT KALASCHNIKOWS „BÜRGER, IHRE REISEDOKUMENTE BITTE! BÜRGER, WIE SIND SIE HIERHERGEKOMMEN AUF DEN BAHNSTEIG DES BAHNHOFS FRIEDRICHSTRASSE, DEN EIN BÜRGER DER DDR NUR MIT GÜLTI-

GEN REISEDOKUMENTEN BETRETEN DARF, DENN DIE S-BAHNEN, DIE HIER HALTEN, MIT DENEN GEHTS DANN AB NACH BAHNHOF ZOO, NACH CHARLOTTENBURG, NACH SPANDAU, NACH ...!“ NA LOS, TORSTEN NUN ERZÄHL, WIE BIST DU DEN WEG GEGANGEN, DEN SO VIELE GEHEN WOLLTEN, ABER KEINER WUSSTE WIE!“ ... „ALSO, ES WAR IN EINER NACHT VON EINEM FREITAG ZU EINEM SONNABEND UND ICH WAR SCHON DIE HALBE NACHT MIT EINEM GEKLAUTEN LADA DURCH BERLIN GETOURT, ABER DANN HATTE ICH DEN TANK DOCH LEERGEFAHREN UND STAND NUN AUF DER WEIDENDAMMER BRÜCKE UND WAR MÜDE, MÜDE, MÜDE ... UND KUCKE ICH NACH DRÜBEN ZUM TRÄNENPALAST UND SEHE DIE VIELEN LEUTE, DIE DA VOR DEM TOR DES PALASTES HERUMSTEHEN UND HEULEN UND DA DENKE ICH, LEUTE HÖRT DOCH AUF ZU HEULEN, MIT HEULEN KOMMT IHR DA AUCH NICHT WEITER, UM DA DURCHZUKOMMEN MUSS MAN DOCH NUR ... ABER WAS ERZÄHLE ICH DA ... DAS WEISS DOCH DAS HOCHVEREHRTE PUBLIKUM SELBER, WAS MAN DA MACHEN MUSSTE, UM DA DURCHZUKOMMEN ... DA MUSSTE MAN DOCH NUR ... UND HATTE MAN DAS HINTER SICH ... DA MUSSTE MAN DOCH NUR NOCH ... ALSO, LOS LEUTE ... UND WAS MUSSTE MAN, HATTE MAN DAS ... GESCHAFFT, DANN MACHEN ...

PIERROT
(NACH HAFNER)

1

Er sitzt in der Nacht zum 19. July zu Hause am Fenster, da heißt es, draußen ist ein Mensch, der ihn gern allein sprechen will. Er schafft, man lasse den Unbekannten alsogleich zu ihm und alsbald tritt ein Mann in das Zimmer von magerer Statur, aber mit einer so großen Peruque begabt, daß man auf dieser Haarwaldung ganz billig eine ganze Forstmeisterei hätte halten können. „Ihro Gnaden“ (sagt der andere zu ihm und macht dabei eine Reverenz, daß er mit seiner Nase an das Knie stößt), „ich bin der Notarius Geldlieb, und komme Ihro Gnaden die erfreulich-betrübte Post zu bringen, daß ein Ihro Gnaden unbekannter gnädiger Herr Vetter Caiphas von Regenwurm mit dem Tod abgegangen und er hätte aus der Phraseologie erfahren, daß sie noch vom Julio Cäsare her sein gnädiger Herr Vetter seyn und hat sie so als seinen nächsten blutigen Freund dahero in das Testament posiret, und sie zum Universitäts-Erben von 80.000 fl. eingesetzet, Sie belieben nun also mit mir in des seeligen Herrn Vetters Wohnung zu kommen, damit er selbst mit Ihnen sprechen kann, denn er will sich durchaus nicht eher begraben lassen, bis er nicht seinen allerwertesten gnädigen Herrn Vetter noch vorher gesehen hat, man wird Ihro Gnaden alsogleich den Schlüssel zu allen beweglichen, und unbeweglichen Gütern behändigen, damit sie von allem Besitz nehmen können.“ Er (kaum daß er dies alles gehört hatte) fängt sofort nach altem Gebrauch aller Erben schandhalber an, so zu schreien, daß das ganze Haus erzittert. „Was?“ (schreit er) „um Himmels Willen! mein todter Herr Vetter, der Caiphas von Regenwurm, den ich mein Lebtag nicht gekannt habe, ist gestorben? Ach, grausames Schicksals-Verhängnis! O wäre er doch lieber am Leben geblieben! was nutzt mir all sein Vermögen, wann ich ihn, den theuren Vetter verlohren hab.“ Aus Verstellung fängt er an die Hände über dem Kopf zusammen zu schlagen, und reißt sich die Haar aus dem Ellenbogen, der Notarius aber, schon nach seiner täglichen Uebung sieht er ein, daß es bey ihm nur Verstellung sey, sagt zu ihm ganz trostreich: „Trösten sich Ihro Gnaden, wir send alle zum Tod geboren, wir müssen alle sterben. QUERCUS ET UMBRA SUMUS. Lassen Ihro Gnaden es geschehen seyn, und erwägen sie das Vermögen, daß der Hochseelige (dann weil er reich ist, so ist er nicht gemein weg seelig) ihnen unterlassen hat, und fahren sie doch mit mir nach seiner Behausung." Immerfort heulend und lachend legt er sich also an und fährt an das Orth, wo sein gnädiger unbekannter Herr Vetter Caiphas tod liegt. Kaum, daß er des toden Vetters ansichtig wird, so schreit der auf ihn: „O gehorsamer Diener Herr Vetter, es erfreut mich die Ehre zu haben Sie nach meinem Todt kennen zu lernen, setzen Sie sich nieder Herr Vetter! He! (schreit er auf den Laquei, der ihm nach dem Tod wachet) schenk meinem neuen Herrn Vetter ein Glas Wein ein, daß er auf meine Gesundheit trinkt!" Und weiter sagt er zu ihm: „Herr Vetter, ich habe achtzig tausend Gulden hinterlassen, nehmen Sie vorlieb damit und laß Sie mich ehrlich begraben, aber vergessen Sie ja die Wappen nicht bey der Leich, sonst könnte ich im Grab nicht ruhen, denn ich bin ein Herr Von." Er verspricht seinem toden Vetter von Ungefehr alles, läßt die Leich veranstalten und ihn prächtig genug begraben, denn es gingen gewiß wenig Leute mit, die sich nicht auf die Gesundheit des Todten kniewankend getrunken hätten. Endlich, da man ihm den Schlüssel übergeben, findt er einen ungeheuren Schatz, alles ist zugegen, auf ein jede Viertelstund im ganzen Jahr ein anderes Kleid, Wäsche ohne Zahl, über zwey paar Strümpf, und ein Beutel von mehr als vier tausend Dukaten. Wohl über hundertmal küsset er den Beutel, doch da, da, da er anfängt die Theilung von dem

Geld zu machen, da wird er munter und hat nichts anderes in der Hand als die Schlafhaube …

2

In der Nacht zum 14. Märzen (als ihm just am Tag vorher sein Barbier einen Schnitt beym Barbieren gab) sitzt er in seines Herrn Stube, allwo keiner seiner Mitgesellen, sondern einzig der Lehrjung zu gegen ist. Er singt, pfeift und wartet auf seines Herrn Kundschaft. Endlich kommt ein Mensch in die Stube, der ihn bey dem ersten Anblick auf einen Ausländer mahnt, denn sein gewiss höhnisches Wesen verrieth ihn, ja man konnte ihm ansehen, daß es ihm leid seye, daß er sich hierzulande müsse barbieren lassen, da er doch zu Hause, aus Mangel des zum Barbieren nöthigen Groschens, sich den Bart wie ein Waldbruder müßte wachsen lassen. Der Herr Ausländer kommt also in die Stube und da er zu ihm sagt: "Putz mir der Herr mein Bärtgen weck!" macht er seine Sache, er, der Ausländer fragt ihn während der Beschäftigung: „Was gibts Neues?" Und da er nun weiß, daß ein jeder Barbier, wann er um einen Groschen Bart schert, um einen halben Gulden Neuigkeiten herplaudern muß, so sagt er dem Ausländer so viel er wußte, setzt auch hinzu, daß er noch die besten Zeiten von der Welt hoffete. Allein der Ausländer lachte: Ja" (sagt er) „gute Zeiten? Ihr hier werdet alle noch vor Hunger crepieren, und das vergönn ich euch von Herzen gern." Und fängt darauf an mit seinem losen Maul (das ihm doch hier aus unverdienten Gnaden gefüllet wurde) so vermessen und undankbar über das hiesige Land zu schmähen, daß es entsetzlich anzuhören ist und da er (Pierrot) ohnehin ein geschworner Feind der undanckbaren, und besonders derjenigen ist, die die am meisten schimpfen, von denen sie doch leben, so fährt auf einmal ein patriotischer Eifer in sein Barbiermesser, und er schneidet dem verläumderischen Ausländer die Kehle mitten entzwey, so daß der gleich Todt zur Erde fällt, nachdem er noch etliche Schimpfworte hervorlallte. Ueber diese Mordthat erschrickt seines Hrn. Lehrjunge so sehr, daß er auf die Gasse läuft und Lärm macht, bis die Wache herbey kommt, und da sie den Ertödteten sieht, so fängt sie an, sich seiner zu bemächtigen und ihn ungeacht, daß er ihnen den patriotischen Eifer erzehlt (der ihn hierzu antrieb) in Arrest zu führen. Er setzt sich wider die Wache, schlägt um sich herum, allein unter diesem Herumschlagen, muß er mit dem Kopf an die Bettstatt gestoßen haben, denn er erwacht plötzlich und merkt, wie ihm der Kopf Schmerzen macht ...

NACHTSCHICHT

Alles wäre angeblich nur Zufall gewesen.

Ein unüberlegtes Geschehen aus einer schlechten Stimmung heraus, aus unmotivierter Wut.

Und daß er sie, an diesem späten Abend des 7. Januar traf, auch das wäre nur ein Zufall gewesen.

„Ich wollte töten, es hätte auch ein Mann sein können."

Er ist 24 Jahre alt, wirkt aber jünger, ein blasser, schmächtiger junger Mann mit schmalen Gesicht und kurzem Haar.

„Es ist richtig, daß ich Nicole J. körperlich mißhandelt habe."

„Es ist richtig, daß ich sie sexuell mißbraucht habe."

„Es ist richtig, daß ich sie getötet habe."

Er kommt an diesem 7. Januar kurz vor 22 Uhr zur Nachtschicht auf den Recycling-Hof der Firma Alba in … Am Tag zuvor hatte er bis kurz vor Mittag geschlafen, hatte dann gemeinsam mit seiner Mutter, mit der er in einem Haus wohnt, Mittag gegessen und hatte sich danach wieder vor seinen Computer gesetzt …

Er habe sich an diesem Tag von Anfang an „Scheiße gefühlt". „Ich war den ganzen Tag so unruhig."

Seine Schicht auf dem Recycling-Hof beginnt 22 Uhr. Er schreddert Abfälle. Und dabei verletzt er sich, ritzt sich den Finger auf.

„Da war ich plötzlich auf 180. Ich habe gedacht, es muß ein geiles Gefühl sein, jemanden zu töten.“

Das Fleischermesser, das er immer bei sich trägt, steckt auch in dieser Nacht in seiner Tasche, als er kurz nach Schichtbeginn zu den Umkleideräumen geht. Im Umkleideraum der Männer hätte er niemanden angetroffen, erst da wäre er zu dem Umkleideraum der Frauen gegangen.

Und dort steht allein und ahnungslos sie.

„Ich habe gedacht, die bringe ich jetzt um.“

Sie steht vor ihrem Spind und ist gerade dabei sich umzuziehen. Da schleicht er sich von hinten an sie heran, packt sie von hinten, reißt sie zu Boden und hält ihr den Mund zu. Als sie versucht, ihn zu beißen, schlägt er mit der Faust ins Gesicht, schlägt er mit der Faust auf ihren Oberkörper ein.

Sie ist eine kleine, zierliche Person, sie hat gegen ihn keine Chance.

Er würgt sie, fesselt sie, knebelt sie und schleift sie danach nach nebenan in den Duschraum. Hierher wird in den nächsten Minuten keiner kommen.

Aber dann hört er von weitem Stimmen und so geht er in aller Ruhe zurück zu seinem Schredder, wo von keinem seine Abwesenheit bemerkt worden war.

Er „habe sich aber weiterhin sehr unruhig gefühlt“, da sei „immer noch diese Unruhe gewesen.“

Fünf Minuten später geht er zurück in den Duschraum.

Sie hatte inzwischen versucht, weg zu kriechen, ist aber nicht weit gekommen. Darüber ärgert er sich. („Weil sie sich nicht an meine Anweisungen gehalten hat.“)

Aber dann kommt ihm der Verdacht, und was, wenn sie inzwischen versucht hat, mit ihrem Handy zu telefonieren.

Er durchsucht, tastet sie ab. Erst da, als er diesen fremden Körper gefühlt hätte, wäre ihm der Gedanke gekommen. Er löst an ihren Beinen die Fesseln, reißt ihr die Hose, den Slip herunter und vergewaltigt sie, danach muß sie …

Das soll mehrmals passiert sein.

Danach geht er noch einmal zurück zu seinem Schredder, aber diesmal macht er gleich wieder kehrt und geht zurück in den Duschraum, wo sie noch immer am Boden liegt.

„Ich habe gedacht, wenn ich sie jetzt losmache, versucht sie bestimmt, mich wieder zu beißen.“

„Und wie hat sie reagiert, als sie dann das Messer sah?“

„Sie hatte ganz traurige Augen, ich glaube, sie wußte, was gleich passiert.“

Schon der erste der beiden Stiche in den Rücken ist tödlich.

Er stopft den Leichnam in eine Mülltüte, umwickelt die Tüte mit Draht, lädt die Tüte sich auf den Rücken, trägt sie über den Hof und bugsiert sie in einen der Müllcontainer zum Abtransport auf die Müllhalde …

EINE LANDSCHAFT DES ODYSSEUS

ein Wartesaal (2. Klasse), / spärlich beleuchtet (es stinkt) nach … / am Boden die Kacheln … / gleich neben der Eingangstür ein Mann (ihm fehlen beide Beine) schläft, / (umklammert im Schlaf seine beiden Krücken), vor der Bank (auf der der Mann schläft) zehn-, elf-, zwölfjährige Jungen, / schieben sich zwischen den Tischen die Reste eines Tischtennisballs als Fußball zu, / eine Touristin möchte die Jungens fotografieren, / und die postieren sich auch sofort zu einem lustigen Gruppenbild, / da brüllt ein Greis in Uniform los: / „Immer zeigt man im Ausland die schlechten Seiten unseres Landes! / Immer zeigt man im Ausland die schlechten Seiten unseres Landes!“, / Kinder auch draußen auf dem Bahnsteig, / spielen mit den (hölzernen) Lettern der Anzeigetafel, / die da an einer Wand lehnt, / klauben sich Buchstaben aus den Fächern der Anzeigetafel / und fügen sie an anderer Stelle der Anzeigetafel / nach ihrem Gutdünken wieder zusammen, / und bald kann man da auf der Anzeigetafel des Bahnhofs entziffern (hketwi 12.08 h / osmeni 12.39 h / jrotab 13.09 h / lpcow 14.16 h …

BERICHT IX

SIE KONNTEN SEHEN, DASS DER HUND SICH FÜR SIE
Nur wenig interessierte, beschnüffelte
Eine Hausecke (Ecke Gounod-/Mahlerstraße), auch
Hob er die Hinterpfote, bespritzte
Das morsche Mauerwerk, doch
Für sie schien er sich nur wenig zu interessieren.
„Geizhals“, sagte da einer von ihnen zu dem, der
Mit einer Einkaufstüte in der Hand bei ihnen stand,
„Du wirst dich wundern, wie so etwas brennt.“
Der auf diese Angesprochene zog
(Wie einer, der schließlich resignierte bzw.
Es vorzieht, es nicht darauf ankommen zu lassen)
Aus der Einkaufstüte eine grüne Plasteflasche
Und überließ sie dem, der ihn noch gehänselt hatte.
Der Hund (ich meine, es war eine Art Fox-Terrier,
Wie sie einem jetzt des öfteren auf Berlins Gehwegen begegnen)
Hatte inzwischen angefangen, am Boden eine fremde (seine eigene?) Spur aufzunehmen;
Hatte sich ihnen dabei so dicht genähert, daß
Gefahr bestand, er bricht nun seinen Ausflug ab,
Trottete an ihnen vorbei zurück zu Frauchen,

(Doch wo blieb die eigentlich, oder war das etwa
Die alte Oma, die da ganz weit hinten die Bizetstraße geschlichen kam?)
Der, der sich die Flasche gegriffen hatte,
Drehte an deren Verschluß und hielt dann die offene Flasche
Seinem Nebenmann unter die Nase:
„Reich mal, wie das riecht!“ (Nicht
Vergessen werden sollte, hin und wieder
Fuhr über das Kopfsteinpflaster der Gounodstraße ein Auto,
Eins bog auch nach rechts in die Mahlerstraße ein,
Die Linden beiderseits der Straße waren (trotz vorgerückter Jahreszeit
Dicht belaubt, im Geäst blauer märkischer Himmel.))
„Iiii!“, sagte schließlich jener, dem man
Die Flasche zum Riechen hingehalten hatte,
„So etwas schmierst du dir in die Haare?“ (Damit
Meinte er jenen, dem die Flasche eigentlich gehörte,
Der Hund übrigens beschnupperte jetzt den dicken Stamm einer Linde,
Hob auch erneut die Hinterpfote.) Der,
Der die Flasche noch immer in den Händen hielt,
Trat nun an den Hund heran, an das Tier herantreten
Dabei den Inhalt der Literflasche über dem Fell des Hundes auszuschütteln,

War für den Jungen eines, sofort
Glänzte vom Nacken bis zu den Flanken das Fell des Hundes bläulich, und
Schon kam aus dem Hintergrund ein brennendes Streichholz geflogen,
Dann, weil das erste, bevor es sein Ziel erreicht hatte, verloschen war,
Ein zweites. So schnell zischten vom Hund die Flammen hoch,
Daß nicht mehr zu sehen war, z. B.
Ein etwaiges Erstaunen des Hundes (wie
Staunt ein Hund, den etwas trifft, auf das er nicht gefaßt war) usw.
Der Hund („Ha, dem haben wir es aber gegeben!"), der
Von nun an nur noch ein in (chemisch) prasselnden Flammen wild kläffender,
(Dabei wütend hinter sich beißender) Hundeschatten war,
Rotierte da an der Ecke Gounod- / Mahlerstraße wie verrückt um sich selber,
Kullerte dann die Mahlerstraße weiter und verschwand schließlich
Hinter dem Gebüsch, das vor dem Platz der früheren Kohlehandlung …
Auf den Gehweg wucherte Holundergesträuch,
An seinen Zweigen schwarze Beeren …

KAUFLANDLIED

er lächelt (er hat ja nichts falsch gemacht), / (und gesagt, was zu sagen war: / „Es ist alles so, wie der Staatsanwalt geschildert hat.“) / „Alter?“ (sechsundreissig), / „Beruf?“ (Einzelhandelskaufmann) / (jedenfalls bis gestern, / ab heute ist er arbeitslos), / geschieden, / „Kinder?“ (keine), / Jahre räumte er bei KAUFLAND Bananen in die Obstauslage, / Ravioli ins Regal usw. / und entsorgte Leergut, / und 7 Jahre saß er an der Kasse, / „Einmal hin, alles hin!“ / er lernt sie auf einer Silvesterparty kennen, / („Ich bin Angelina und wer bist du?“ / sie prosteten sich zu und wechselten ein paar Worte, / und dann steht sie eines Tages bei ihm an der Kasse, / legt aufs Band Spaghetti, Schokolade, Joghurt, Fritzkola, Schmuck, Tütensuppen und Zigaretten, / doch er (piep) schiebt über den Scanner nur die Zigaretten, / (ja, als früher in den Supermärkten die Kassen noch keine Scanner hatten, / da tippte die Freundin, der Freund, der Freundin, dem Freund 3,90 Mark in die Kasse / und die Freundin, der Freund gingen mit Waren im Wert 39 Mark aus dem Laden, / aber heute ist jeder Supermarkt ein Hochsicherheitstrakt, / mit Kameras und Computerkasse, / und da muß man sich schon etwas einfallen lassen ...) / „Und warum haben Sie das gemacht?“ / „Vielleicht um ein bißchen aufzufallen, / ein kleiner Nervenkitzel ...“ / und Angelina kommt nicht nur einmal in der Woche zu ihm an die Kasse / und legt aufs Band Fritzkola, Lippenstifte, Wimperntusche, Spaghetti, ein Küchenradio und natürlich Zigaretten / und er schiebt über den Scanner nur die Zigaretten, /(„Hatten Sie Geldsorgen?“ / „Nein, eigentlich nicht ...“) / und so geht es über Jahre, / und dann steht Angelina bei ihm an der Kasse, / und bei ihr steht ein junger Mann / und auf dem Band liegen ein Laptop, ein Fernseher und natürlich Zigaretten, / und er schiebt auch diesmal über den Scanner nur die Zigaretten / und zwei Stunden später sind die beiden wieder da / und auf dem Band liegen zwei Laptops, ein Flachbildschirm und natürlich Zigaretten, / und so geht es fast ein halbes Jahr, / und erst als es bei ihm klingelt und vor seiner Tür stehen Polizisten, / merkt er, sie haben ihn erwischt … / („Wieviel Geld haben Sie bei ihm gefunden?“ / 143,23 Euro …“) / 10 Monate Haft (ausgesetzt für 3 Jahre Bewährung) / „Und was wollen sie jetzt tun?“ / „Bewerbungen schreiben …“ / „An wen und als was?“ / „Na, an Karstadt, Netto, Aldi, Plus, Spar, Kaiser, Rewe, Edeka, Lidl, / um das zu machen, was ich kann, / verkaufen …

DIE JAHRESZEITEN
IN MEINEM ZIMMER

Der Schnee des Januar:
Links rechts oben das Weiß der Wände der Decke
Die Kälte des Februar und des März:
Das Gekritzel auf den zerknüllten Zetteln neben dem Stuhl
Das Grün des April:
Das Gekritzel auf den Zetteln über meinem Schreibtisch
Das Blütenweiß des Mai:
Der Stapel weißes Papier neben der Schreibmaschine
Die Gerüche des Juni und Juli:
Der halbfertige Satz vor mir auf dem Blatt Papier
Das Gelb des August:
Die Manuskripte im Koffer in der Zimmerecke
Das Braun der frischgepflügten Äcker des September:
Die Farbe der Scheuerleisten
Das Rot des Oktober:
Das Flackern des Feuers aus dem Riß in der Ofentür
Der Rauch auf den Kartoffelfeldern des November:
Das Pausenzeichen im Radio
Die Nebel des Dezember:
Das zerknüllte Papier in dem Papierkorb neben dem Schreibtisch

PASTORALE 2
(NACH PLATONOW)

An dem Tag, der so strahlend einsetzte ((aber dann, aber dann (kurz nach elf) wurde er alt und grau, diesig und schwer und sein Licht für die Augen schmerzhaft) (an diesem … Juli 193 …) öffnet er (geweckt von seiner Frau („Albert steh auf! Es ist schon elf! Ich werde uns etwas besorgen!" (und dabei hatte sie über seiner Entblößtheit die Decke weggezogen)) die Augen (d.h. er öffnet zuerst das eine, dann das andere Auge) „Albert, ich werde uns etwas besorgen!" (DIESE WELT, WIE FREMD IHM DAS ALLES IST) und er (verzieht sein Gesicht) und fängt (wie in seiner Kindheit, lagen hinter ihm schreckliche Träume) an zu weinen, aber seine Frau (eine vor Hunger verwelkte Mittdreißigerin) beugt sich über ihn (diesen kleinen Menschen, dessen zugekniffene Augen wie die eines Blinden sind, leer, ausgebrannt) streichelt ihm das Gesicht, versucht ihn zu beruhigen („Steh auf Albert! Ich habe zwei Kartoffeln mit Fischtran!") doch da … doch da… sind, was da auf ihrem Gesicht, ihrer Backe wächst, etwa die Ansätze von Fell, und ihre Augen, so wütend wie die ihn anstarren, so wütend wirst du angestarrt von einem Löwen, duckt der sich und wird gleich … und was ist das, was da aus ihrem Maul tropft, etwa … und was da für Laute aus ihrer Kehle kommen (seine Frau, hat die sich in ein Tier verwandelt) „Weg! Weg!" (DAS SOLL DIE FRAU SEIN (die ihn („Ham se dich wieder rausgeschmissen!" … „Wirst du nun wieder monatelang zu Hause rumgammeln! Aber vielleicht kriegste ihn da endlich wieder einmal hoch …!) seit Jahren pisackt, der es soviel Spaß macht, sich in den Nächten rittlings auf ihn zu setzten, aber wenn er dann wieder nicht … dann …) aber jetzt ist sie … was eigentlich, eine Katze, eine Mischung zwischen einer Katze und einem Schuppentier oder etwa… „Weg! Weg!" (mit seinem Stöckchen versetzt er ihr einen Schlag und – tritt hinaus auf die Straße dieses südlich von … gelegenen Nests) vom Turm der katholischen

Kirche Glockengeläute, aus der offenen Tür des Kirchenportals treten mit feuchten Augen (DIE HABEN GARANTIERT DEN HALBEN VORMITTAG VOR DIESEM KREUZ MIT DEM HALBNACKTEN KERL GEKNIET) Greisinnen, junge Mädchen (DA FLAMMT KEINE LEIDENSCHAFT MEHR AUF LÄNGST VERWEST IST WAS DA EINMAL FRUCHTBAR SEIN KONNTE LEBEN GEBÄREN KONNTE) doch er ((kuckt nach oben zur Sonne, lächelt ihr zu (NEE, NEE, SIE MACHT ES NICHT, SIE WIRD ES NICHT MACHEN, DAFÜR IST IHR HIER UNTEN DAS VIEL ZU UNBEDEUTEND, DEM HIER EIN ENDE BEREITEN. DAS MÜSSEN SCHON DIE MENSCHEN SELBER ERLEDIGEN)) da tritt ((mit gerötetem Gesicht (und noch immer vor Erregung zitternd)) aus dem Portal der Priester der Kirche und segnet vor ihm den heißen Vormittag und – ist schon in der Kühle seiner Wohnung im Hof der Kirche verschwunden, doch oben im Turm die kleinen Glocken, die läuten und läuten und ihr Geläut trägt was da gebetet, was da gesungen wurde, von der Spitze des gotischen Turms nach oben in diesen vor Sonnenglut diesigen Himmel und die Glocken läuten und läuten und verkünden, was man auch in den Zeitungen, den Büchern lesen kann, was in den Nachtbars gedudelt wird „Quäl dich“ … „Quäl dich!“, aber er (Albert Lichtenberg) hört dieses „Quäl dich“ … „Quäl dich!“ nun schon über zwanzig Jahre und obwohl dieses „Quäl dich!“ „Werde langsamer“, „Mach kaputt, was hier kaputt zu machen ist!“ immer lauter wird, sein Herz (unschuldig, keusch, ahnungslos, wie es nun einmal ist) hört trotzdem nicht auf zu schlagen der Tag, nichts Unbedeutendes auslassend, in seinem Ablauf präzise wie eine staatliche Hinrichtung und durchaus auch abwartend (wenn es ganz schlimm kommt, dann werde ich …) dauert an und dauert an und er läßt sich inmitten dieser Glutströme irgendwo in der Stadt nieder da drüben ein Baum „Wer bist du?“ ((fragt er ihn, streichelt ihn zärtlich (AUCH ER LEIDET JA UNTER DIESER STAUBIGEN GLUT ERWARTET KÜHLERE WINDE)) der müde Mensch und die Zweige und Blätter des Baumes beugen sich zu ihm herab neugierig und mit einem Wohlwollen, das etwas ganz anderes ist als die ganze Glückseligkeit der Welt, da faßt er nach einem der herunterhängenden Zweige und aus dem Baum fallen tote Schmetterlinge, aber da drüben, da entschwindet eine Motte in die trockene Leere in der Hand den Stock (den lasse ich nicht mehr los) und mit (WAS SOLL DAS ALLES HIER DAS ALLES IST DOCH VÖLLIG ZWECKLOS) bis ins Mark quälenden Gedanken ist er nun wieder unterwegs da vorn der Stadtplatz und an seinem Ende (in sich gekehrt, schweigend) und wie ein schläfriges Jahrtausend auf den Gräbern seiner Erbauer ruhend, der riesige Dom der Katholiken Müll wirbelt auf da vorn, wo etwa hundert Nationalsozialisten in ihrer braunen Berufsbekleidung dabei sind (während andere meerblaue Kisten mit tropischen Gewächsen von einem LKW laden) ohne ihre Kleider (so morsch die auch sind) zu schonen, ihre Knochen abzunutzen, um das was man auf einem LKW aus Essen angeliefert (beste Ruhrpott Qualitätsbronze) und mit einem Kran von dem LKW gehievt hatte zu einem Adolf-Hitler-Denkmal zusammen zu montieren da biegt (UNS VEREINT GLEICHER SINN GLEICHER MUT) eine tausendköpfige Menge auf den Stadtplatz ein und nähert sich ((auf ihren Gesichtern (WIR SIND WIE WIR SIND WIR MÜSSEN NICHT NACHDENKEN NA LOS, WER LEGT SICH MIT UNS AN WIR SORGEN SCHON FÜR UNS MEHR ALS TAUSENDE, DIE WIR SIND, MEHR ALS ZEHNTAUSENDE, DIE WIR SIND MEHR ALS ...) Glück)) es ist die Avantgarde dieser tausendköpfigen, dieser zehntausendköpfigen, dieser … tausendköpfigen Menge, die sich (kaum, daß man am Denkmal angekommen war) vernehmen läßt WIR GRÜSSEN DICH (usw.) und schon ist man dabei ((mit denen, die da bereits zu tun hatten und die (ohne sich um die Dazugekommenen zu kümmern) schweißen, hämmern)) zu hämmern und zu schweißen und wie ein Unwetter, ein Orkan steigt Müll von der Baustelle auf (Müll, Müll, Müll, er spürt das alles in seinem tiefsten Inneren wie Krätze) über die schwere, alte Erde Deutschlands trampeln jetzt überall Tausende, Millionen Menschen, ((stumme, konzentrierte und durch Ehelosigkeit gestärkte Helden (nein, mit Jüdinnen lassen die sich nicht ein, bei Jüdinnen holst du dir nur Syphilis, deutsche Frauen sind gegen Syphilis immun, dank des vollkommenen Körperbaus der germanischen Rasse scheiden deutsche Frauen nicht einmal üble Gerüche aus)), die ((während andere in Büros sitzen und (sie selber bleiben dabei wortlos, namenlos) schriftlich, optisch, musikalisch, psychisch die Herrschaft ihres genialen Retters festigen)) den Ruhm der Regierung zu schützen, als Marschkolonne (FÜHRER BEFIEHL, WIR FOLGEN DIR) unterwegs sind und nichts anderes wollen, als zu grüßen (RETTER DER ALTEN HEIMAT! RETTER DER ZEITGENÖSSISCHEN MENSCHHEIT! HIER SIND WIR! WIE ES UNS GEHT? BESTENS, SONST WÄREN WIR JA NICHT HIER! ANDERE LACHEN, SPRINGEN VOR FREUDE IN DIE LUFT, ABER UNS GENÜGT ES HIER ZU SEIN! usw.) ((und auch er (er sieht ja die Masse, die vor Hunger oder wahnsinnig geworden zugrunde geht (es sei denn man marschiert mit in den Reihen des Staatsschutzes)) arbeitet nicht, er leidet (WER SORGT HIER DAFÜR DASS DIE ALLE ZU ESSEN HABEN ETWAS ZUM ANZIEHEN HERUM FAULENZEN UND SICH TROTZDEM HERAUSNEHMEN ÜBER ANDERE ZU VERFÜGEN

WO IST DAS PROLETARIAT ABGEBLIEBEN WAR ES AN SEINER ARBEIT (ES ARBEITETE ABER KEINER KANNTE SEINEN NAMEN SIE ALLE DIE DA ARBEITETEN BLEIBEN ANONYM) MÜDE GEWORDEN UND GESTORBEN UND WO HÄLT ER SICH AUF (DER ARME MÄCHTIGE, SCHWEIGSAME) DER DIESE WELT IN SCHWUNG HÄLT ((IN DER MAN (UMGEBEN VON GÖTZEN) SEINE KRÄFTE NICHT VERSCHLEUDERT IM ERSCHRECKEN UND AUCH NICHT IN NICHT ZU BÄNDIGENDER FREUDE (UND NICHT UM NEUES, NIE DAGEWESENES ENTSTEHEN ZU LASSEN)) und wer ist er eigentlich, hat er bereits so viel gelitten, daß er nur noch dumpf vor sich hin vegetieren kann, fast am Ende seiner Kräfte kuckt er – ich begreife nichts – sich um auf dem katholischen Platz, diesem Reich, wo nichts echt ist, ohne zu wissen was er tut, tritt er an den Kühler eines Lastautos Hitze (flimmernd) geht von dem Eisen aus, keinen Sozialismus und keine Wahrheit mehr fordernd (und sich nur noch von billigem Gas ernährend) ruhen (in Metall verwandelt) tausende Menschen in dem Motor und er lehnt sich mit dem Gesicht an die Maschine wie an eine Brüderlichkeit, die es schon lange nicht mehr gibt ((DIESE GRABESFINSTERE MASCHINE IN DEREN HOHLWEGEN SICH DIE MENSCHHEIT VERIRRT HATTE UND TOT UMGEFALLEN WAR NUN STEHEN SIE DA UND DA (UND UM SIE HERUM FÜR JEDEN ARBEITER ZEHN MÄNNER DER STAATSGARDE) IN LEEREN FABRIKHALLEN STUMME ARBEITER DIE (UM IHRE WACHLEUTE ZU ERNÄHREN SIE ZU ERFREUEN UND ZU BEWAFFNEN) AM TAGE HUNDERT PFERDESTÄRKEN LEISTEN MÜSSEN ABER DIE HERREN DER STAATSGARDE KÖNNEN SICH TROTZDEM NICHT FREUEN IN DEN HÄNDEN WAFFEN

LEBEN SIE IN ANGST VOR DEN ARMEN UND EINSAMEN)) (das alles sieht er durch die Ritzen des Kühlers) über dem Kühler in schwarzen Lettern auf goldenem Brokat: „Verehrt den Führer der Germanen, den weisen, mutigen, großen Adolf! Ewiger Ruhm Hitler!“ und was ist das da an den beiden Enden des Stoffs, das aussieht als hätten dort Insektenfüßchen Spuren hinterlassen, etwa ein Hakenkreuz und sein Denken verwandelt sich in physische Kraft, er stockt, hält inne, ruft „Herrliches neunzehntes Jahrhundert, du hast geirrt!“ und schlägt mit dem Stock auf die Brust der Maschine ein, den Kühler ein, so daß dessen Rippen eingedrückt werden und der nationale Chauffeur preßt (nachdem er hinter seinem Lenkrad hervorgekommen war) (in seinem Gesicht dieser Ausdruck von Raserei, stumpfsinniger Wildheit, den dort all die Tiere, die er im Laufe seines Lebens verspeist hatte, die Kühe, Schafe, Fische, Krebse hinterlassen hatten) Lichtenbergs Rumpf zusammen und wirft ihn mit nicht geringerer Kraft gegen den Kühler in den Straßendreck gestoßen und dort liegengeblieben, schmerzt Lichtenberg der Kopf mehr als vom Stoß gegen das Eisen vom Anblick der Wirklichkeit im Straßendreck liegen, ist für ihn WER IST ER EIGENTLICH GIBT ES IHN ÜBERHAUPT schon lange keine Qual mehr über ihm der Tag sendet schwache Lichtzeichen und Lichtenberg betrachtet ihn ohne die Wimpern zu bewegen und Staub dringt in seine Augen und um den kitzelnden Schmutz wegzuspülen, fließen aus seinen Augen Tränen Lichtenberg, nun wieder auf den Beinen, stößt mit seinem Stock gegen den tierischen Rumpf des Chauffeurs und – entfernt sich DER CHAUFFEUR (dem ist wohl alles egal) (bewegt sich nicht von der Stelle und denkt schon nicht mehr daran, daß er eigentlich noch ein zweites Mal über den anderen herfallen wollte) auf dem Platz der Wind der vom Süden kommt (ihm dreht Lichtenberg das Gesicht zu) und es ist Frankreichs, Italiens, Spaniens Alltagsmüll, den dieser Wind herbeiträgt und diesen Geruch von Städten, Fetzen erregten Lärms, da eine sich überschlagende Stimme Lichtenberg hört eine Frau jammern, hört von weit weg den traurigen Aufschrei einer Masse, das Knirschen von Getriebe, hört vom Ufer das Mittelmeers diesen Singsang regennasser Blumen und ist nun (in dieser nichtendenwollenden, echolosen Luftströmung) ganz eins mit dieser Welt, in der nichts mehr deutlich auszumachen ist da in der stummen geschäftigen Örtlichkeit ein Schrei („HERRLICHES NEUNZEHNTES JAHRHUNDERT!") Lichtenberg (der zum Denkmal gegangen war) (dort hatte man es geschafft, ein Halbkörper aus Bronze, oben endend in einem Kopf, steht nun auf einem gußeisernen Zylinder, gierig die Lippen dieses Gesichts (o, die lieben das Essen und das Küssen) zwar etwas geschwollen, aber durchaus bereit, demnächst Lippen zu sein für Wollust und eine Rede, die Wangen vom Weltruhm dick geworden, in die nicht besonders markante, etwas vorgewölbte (fast wie die von einer Frau) Stirn hatte der Staatskünstler (seht, so anstrengend ist es, sich nur noch mit dem zu beschäftigen, wie wir zu leben haben, seht, seht, so sieht einer aus, der sich Sorgen macht) tiefe Falten eingekerbt und nun nur noch ein Unterleib, Beine usw. und es könnte das Denkmal eines Liebhabers sein, aber so nur Kopf, nur Brust ist es das Denkmal des Führers der Nation) lächelt (welche Freude, es stimmt also, er muß sich nur an nichts mehr erinnern, da kann auch er wieder denken) und fängt an, in die ihn umgebende, einem den Atem nehmende Hitze der Maschinen und Menschen zu reden und die Nationalsozialisten lauschen, was da Lichtenberg zu sagen hat (EINST HÄTTE IHR FÜHRER DAS DENKEN UND DAS WORT MIT DER EHE VERGLICHEN NÜTZLICH WÄRE DAS DENKEN WÄRE ES DEM

FÜHRER TREU WIE DIE FRAU IHREM MANN VÖLLIG ÜBERFLÜSSIG WÄRE ES ABER IRRTE ES IM DUNKEL DER NACHT DURCH DIE HÄUSER DER VERZWEIFLUNG SUCHTE ES SEINE BEFRIEDIGUNG IN AUSSCHWEIFENDEN ZWEIFELN UND IN WÜSTER PAARUNG MIT SEINER TRAUER EIN KOPF DER NICHTS DEM ZUFALL ÜBERLÄSST MUSS VERNICHTEN ER KANN GEFÄHRLICHER WERDEN ALS DER KOMMUNISMUS UND DIE VERSAILLER VERTRÄGE ZUSAMMEN usw.) und dann ruft Lichtenberg (GROSSES NEUNZEHNTES JAHRHUNDERT AM ENDE DER ZEIT HAST DU ADOLF HITLER GEBOREN DEN FÜHRER DER MENSCHHEIT DEN LEIDENSCHAFTLICHEN GENIUS DER TAT DER VORGEDRUNGEN IST BIS IN DIE TIEFSTEN TIEFEN DES SCHICKSALS VON EUROPA usw.) und die tausendköpfige, die zehntausendköpfige Masse der Nationalsozialisten stimmt in Lichtenbergs Rufe ein (RICHTIG! HEIL HITLER! HEIL HITLER! DU WIRST JAHRHUNDERTE HERRSCHEN, DU BIST DAUERHAFTER ALS ALLE DYNASTIEN DER IMPERATOREN! ENDEN WIRD DEINE HERRSCHAFT ERST, WENN DU SELBER ANFÄNGST ZU LACHEN ODER DER TOD DICH IN UNSER ALLER HAUS UNTERM GRAS ENTFÜHRT! ABER DAS MACHT NICHTS, DENN NACH DIR KOMMEN ANDERE, NOCH RASENDERE ALS DU ES BIST, DER ALS ERSTER BEGRIFFEN HAT, AUF DEM RÜCKEN DER MASCHINE, AUF DEN ARMEN, GRIESGRÄMLIGEN BUCKEL DER EXAKTEN WISSENSCHAFTEN WIRD NICHT DIE FREIHEIT, SONDERN EINE EISERNE DESPOTIE AUFGEBAUT! IN DIE GARDE DEINES RUHMS UND DEINES SCHUTZES SAMMELST DU DIE

EIN, DIE KEINE ARBEIT HABEN, DIE SCHLECHT GELAUNTEN, DIE, DIE IHREN WEG NICHT WISSEN, ALLE, ALLE, DIE VON DER MASCHINE BEFREIT WORDEN SIND. ABER BALD MACHST DU ALLE ALLE ALLE ZU DEINEN MITSTREITERN UND NIE WIRD ES SEIN, DASS DIESES HÄUFLEIN MÜDER MENSCHEN, DIE, UM DEINE ARMEE ZU ERNÄHREN, BEI DEN MASCHINEN BLEIBEN, DICH VERNICHTEN KÖNNEN, DU BLEIBST, DENN DEINE GARDE WIRD ERNÄHRT VON MASCHINEN, DIE VON SICH AUS FUNKTIONIEREN, VON DEM RIESIGEN ÜBERFLUSS AN PRODUKTIVKRÄFTEN DU VERSCHWINDEST NICHT, DU ÜBERWINDEST DIE KRISE! HEIL HITLER! DER BERUF, DEN DU ERFUNDEN HAST, WIRD MILLIONEN MENSCHEN SCHRECKLICH ERMÜDEN, NIE WIEDER WERDEN SIE EINEN ÜBERFLUSS AN WAREN SCHAFFEN KÖNNEN, SIE WERDEN DURCHS LAND ZIEHEN, KLEIDUNG TRAGEN, SCHUHE TRAGEN, DIESEN ÜBERFLUSS AN LEBENSMITTELN VERNICHTEN, IN FREUDE UND SCHWEISS WERDEN SIE DEINEN NAMEN PREISEN, ÄLTER WERDEN UND DANN STERBEN! DIESE NEUE INDUSTRIE – ARBEITEN, UM DAS VOLK ZU BEGEISTERN, DEINEN RUHM VERMEHREN – WIRD NICHT NUR DIE KRISE ÜBERWINDEN, SONDERN DAS HERZ DER BEVÖLKERUNG IN ANSPRUCH NEHMEN UND ALLE ALLE ERMÜDEN! DU HAST MIR MEINE HEIMAT GENOMMEN UND JEDER DARF NUN, DAMIT DEIN RUHM NICHT UNTERGEHT, ARBEITEN BEVÖLKERT MIT GÖTTERN WIRD ALLMÄHLICH DIE ERDE NUN ES IST HERAUS DIE TIERE STAMMEN VON DEM MENSCHEN AB UND WAS, WAS BLEIBT MIR DA NOCH ZU TUN) gequält kuckt sich Lichtenberg um (die Sonne, mit einer Kraft wie zu ihren Anfängen brennt inmitten all diesen Mülls, aufgestachelt von … summen in der Luft trockene Insekten und andere Nichtigkeiten, die Menschen aber schweigen) und … schlägt (mit der Kraft seines Körpers und zusätzlich den Kräften, die ihm sein Verstand verleiht) mit seinem Stock zweimal auf den Kopf des Denkmals und der Stock (ohne daß er die Bronze beschädigt hatte) zersplittert DIE RASEREI EINES MENSCHEN IN TRAUER, ABER DER MASCHINELL HERGESTELLTE HALBKÖRPER SPÜRT NICHTS) ihn umarmend berauben die Nationalsozialisten Lichtenberg seiner beiden Ohren, töten durch Druck seine Geschlechtsorgane ab und pressen, indem sie im Marschschritt über ihn hinweggehen, seinen Körper von allen Seiten zusammen, doch Lichtenberg empfängt gelassen die Schmerzen, die man für ihn ausgesucht hatte ((was soll er auch mit seinen Organen, kommen von ihnen nicht all seine Leiden (die ihn, ob er es nun will oder nicht, selbst zu einem Teil von dem machen, was einem, und das weltweit, das Atmen so schwer macht. und weiß er nicht schon lange, die Zeiten, des normaltemperierten, durchaus liebenswerten unversehrten Körpers sind schon längst vorbei, sind wir nicht alle jeder auf seine Weise ein Krüppel)) es dauert, bis er (geschwächt wie er ist) einschläft (und so seinem Blut ermöglicht, die Wunden zu schließen) es ist Nacht, als er wieder zu sich kommt Sterne sind nicht zu sehen, aber Regen fällt, feiner, scharfer Regen (so fein sind seine Tropfen, daß ihre Nässe nicht zu spüren ist, die aber, wenn sie einen treffen, nervös machen, als hätte man auf dem Kopf Schuppen) da ((so etwas gibt es also doch noch (denkt da Lichtenberg) zarte Hände, die einen Krüppel nicht liegen lassen)) hebt einer (wer ist das überhaupt) Lichtenberg da am Fuße des Denkmals auf und trägt ihn … trägt ihn (keineswegs zu sich nach Hause, sondern in die hinterster Ecke eines Hinterhofs, klappt dort den Deckel eines Müllkastens auf und ... Lichtenberg (von fremder Hand in Müll geworfen) wühlt sich tiefer ein in die warme Feuchtigkeit der täglichen Abfälle, ißt, was er da im Dunkeln ertastet, was sich weich anfaßt und – schläft (nachdem es ihm inmitten all des billigen Zeugs, das da verrottet, wärmer geworden war) bald wieder ein LICHTENBERG ((nun schon lange (HIER ALSO WIRD ER (ERSTICKT VOM GESTANK VON MÜLL) STERBEN)) ((er wird also nie wieder ein kühles Roggenfeld sehen, weiße Wolkenberge, wie die im kindlich schläfrigen Abendlicht dahinziehen, nie wieder werden seine Füße durch nacktes Gras gehen) inmitten dieser Küchenabfälle)) (als Folge seiner Verwundung hatte sich auf seiner Haut ein lupusartiger dunkler Aussatz gebildet, der aber bald überwachsen war von einem dichten Fell, dort wo seine Ohren waren, wachsen jetzt Haarbüschel (aber rechts kann er noch etwas hören), aber seine Beine, seine Beine kann er nicht mehr bewegen (und war das Schlamperei der Staatsorgane, daß man ihm die Zunge gelassen hatte) ißt (was soll er sonst tun) alles, was in seinen Körper hineingeht, verdaut wird, hält sich im Dunkel die Hände vors Gesicht (nur einmal hatte er an Selda, seine Frau, gedacht, aber frei von jedem Gefühl und ohne etwas zu bedauern) und murmelt ((wie er da zwischen Fischabfällen (Brotreste, Kartoffelschalen landeten nie in dem Müll) liegt)) laut vor sich hin („DESCARTES IST EIN DUMMKOPF IST EIN DUMMKOPF! WAS DENKT KANN NICHT EXISTIEREN MEIN DENKEN IST VERBOTENES LEBEN UND ICH WERDE BALD STERBEN NICHT DAS GESCHLECHTSORGAN – DAS IST WIE ES IST – EIN STILLER REAKTIONÄR – DAS GEFÄHRLICHSTE AM MENSCHEN IST DAS DENKEN DAS DENKEN IST EINE HURE IST

NOCH SCHLIMMERES ALS EINE HURE ES TREIBT SICH IMMER DORT HERUM WO MAN ES AM WENIGSTEN GEBRAUCHEN KANN UND GIBT SICH MIT DENEN AB DIE ES NICHT BEZAHLEN GROSSER ADOLF! DU HAST DESCARTES VERGESSEN DU DENKST NICHT DU ARRETIERST! UND ALFRED ROSENBERG DENKT NUR SINNLOSES UND DER RÖMISCHE PAPST HAT NOCH NIE NACHGEDACHT ABER SIE ALLE EXISTIEREN! SOLLEN SIE DOCH EXISTIEREN DIE BOLSCHEWIKI MACHEN SIE BALD ZUM KÜRZESTEN GEDANKEN IHRER ERINNERUNG BOLSCHEWISMUS DAS IST REINES VORSCHRIFTSMÄSSIGES SONNENLICHT ÜBER EINEM FEUCHTEN KÜHLEN LAND AUF DEM GETREIDE UND BLUMEN WACHSEN UND WO EIN ERNSTER NACHDENKLICHER MENSCH HINTER EINER SCHWEREN MASCHINE HERSCHREITET ABER ER … ER …) lange dauert es nicht und er hat, was von dem Müll eßbar war, verzehrt und als er schließlich vollkommen benommen einschläft, sind um ihn nur noch Blechreste, Keramikscherben da (im Traum) liebkost ihn eine Frau, doch er (bei ihr eingekuschelt) kann nichts anderes mehr als KUCK-MICH-AN-VON-MIR-IST-NICHTS-MEHR-ZU-ERWARTEN kläglich ihren Blick erwidern, ohne ein Wort zu sagen, da drückt die Frau ihn so fest an sich, daß er – EINEN AUGENBLICK LANG DIESER KURZE AUGENBLICK IST SO KURZ WIE – das Gefühl hat, seine Beine, nun sind sie wieder heil und er kann wieder laufen, aber Schmerzen lassen ihn aufschreien und er (nun wieder wach) ertastet was und dieses was, ist eine Ratte, die gerade dabei ist, an seinem Bein herumzunagen, die sich in seine Hand verbissen hat, aber er faßt zu und – erwürgt sie feucht (und an ihren

Rändern zerfranst) sind die Wunden, die ihre Bisse hinterlassen haben ((fast bis auf die Knochen (auch sie wollte ja leben) hatte sie Fleisch von ihm abgenagt und Blut, Blut, Blut von ihm getrunken)) SIND JETZT ALLE SEINE KRÄFTE ÜBERGEGANGEN IN DIESES TIER, DAS ABER JETZT TOT IST, aber das, was von ihm geblieben war (Arbeiten und Nachdenken, damit hatte er sich verschlissen, und Hunger hatte ihn bis auf die Knochen ausgemergelt) will endlich auch einmal genießen und er langt nach der toten Ratte und – um sein eigenes Fleisch und Blut, das ihm von dreißig Jahren Arbeit geblieben, von dem Tier zurückzuholen, verschlingt er es samt Haaren und schläft – das Einzige, was ihm je gehört hatte – nun gehört es ja wieder ihm – zufrieden ein vorsichtig, vorsichtig, wie einer, der unterwegs ist, Flaschen zu sammeln, nähert sich, als es hell wird, ein Hund dem Container und er begreift sofort, das ist kein Hund, das ist ein Mensch, den, was er ertragen mußte, zum stumpfsinnigen Tier gemacht hatte (und er läßt ihn gewähren), doch der Hund (ist das Entsetzen, das ihn da zittern lässt und Trauer, an der man stirbt, die seine Augen so feucht machen) rafft sich noch einmal auf und läuft davon und das ist der Augenblick, an dem Lichtenberg ((früher, ja früher hatte er über durchaus mögliche (kristalline) Landschaften und entfernte Sterne Hypothesen, die sich andere nur schwer vorstellen konnten, aufgestellt und immer war sein Ziel gewesen, sich das All durch pure Erkenntnis anzueignen, denn wäre das All endlich zugänglich, würden die Menschen garantiert schon am ersten Tag sich zerstreuen und jeder, Milliarden Kilometer entfernt von dem nächsten in Einsamkeit dahinleben und die Erde wäre ein Paradies, nur bewachsen von Pflanzen und bevölkert von Vögeln usw.)) auflachen muß noch am Nachmittag stöbert ihn die zuständige Polizeibehörde in seinem Versteck auf und bringt ihn mit

Leuten, die etwas verbrochen hatten und welchen, die man nicht weiter kannte, in eine Art KZ auf dem Gelände des Lagers (das dreimal von einem Stacheldrahtzaun umgeben ist) gegraben von denen, die man für den Rest ihres Lebens hier zusammengetrieben hatte, Erdhütten da im Lagerbüro angezweifelt wird, ist das überhaupt noch ein Mensch, befragt man Lichtenberg nicht weiter (und notiert in seine Akte NEUER MÖGLICHER TYP EINES SOZIALEN TIERS KÖRPER MIT HAAREN BEWACHSEN GLIEDMASSEN IN RÜCKBILDUNG GESCHLECHTSMERKMALE UNDEUTLICH AUSGEBILDET KANN ALSO KEINEM DER BEIDEN GESCHLECHTER ZUGEORDNET WERDEN DER KOPFFORM NACH DEBIL SPRICHT EINIGE WÖRTER SAGT NUR OHNE FESTZUSTELLENDEN ENTHUSIASMUS DEN EINEN SATZ: „OBERER HALBKÖRPER HITLER") und – verurteilt ihn sicherheitshalber zu lebenslänglich da im Lager ein Baum und Lichtenberg, damit sein Leben wie auch immer weitergeht, gräbt sich unter der Wurzel des Baums eine Höhle und – kriecht hinein hält sich anfangs von den anderen Häftlingen, die ihrerseits um ihn einen Bogen machen, etwas abseits, doch dann wendet sich doch einer von ihnen ((„ICH BIN KOMMUNIST!" (ein junger Mann mit neugierigen (schwarzen) Augen, sein Gesicht (er möchte ja so gerne, er möchte ja so gerne, aber dann hier dieses Herumlungern) voller Pickel)) Lichtenberg zu, nimmt Lichtenbergs kleinen, sanften Babykörper auf den Arm und versucht, ihn aufzumuntern (SEI NICHT TRAURIG DIE SONNE GEHT JA AUCH WEITERHIN AUF UND UNTER UND IN DEN WÄLDERN WIRD ES AUCH WEITERHIN GRÜNEN UND EINMAL FLIESST DOCH ALLES WAS BISHER WAR EIN IN DEN UNENDLICHEN OZEAN DES SOZIALISMUS ABER DEN FASCHISMUS LASSEN

DIE MENSCHEN NICHT MEHR ZU DASS LEBENDE ODER BRONZENE GÖTZEN SIE BEHERRSCHEN UND UNTER DEM WELTWEITEN GROSSEN, SEHR GROSSEN NOCH GRÖSSEREN SPOTT DER MENSCHEN UNTER DEM LÄCHELN EINER BESCHEIDENEN SCHWEIGSAMEN MASSE WIRD DER FASCHISMUS UNTERGEHEN) im Lager vergeht Zeit und nach und nach kommt Lichtenberg doch zur Ruhe nun wartet er, daß es Abend wird, denn da kommen die Häftlinge zurück von der Arbeit, kochen sich ihre Suppe und führen Gespräche (er selber ist von der Arbeit befreit, er kann ja nur noch kriechen) nun bereut er nichts mehr, nicht, was er alles so getan hat, auch nicht die Liebe zu den Frauen, jetzt ängstigt er sich auch nicht mehr vor dem, was da noch kommt tagsüber liegt er in seiner Höhle, horcht auf den Staub (wie der durch die Luft rauscht), auf die Züge (wie die über den Bahndamm rollen), auf die Regierungsbeamten (wie die in den Büros ihre Karriere vorantreiben), sind dann aber auf der anderen Seite des Stacheldrahts Stimmen zu hören, klirren da die Waffen der Wachmannschaften, kriecht er ihnen (ES GIBT ALSO DOCH NOCH MENSCHEN UND WIE ICH SIE LIEBE ES WIRD SCHON ALLES) freudig entgegen aber mehr als mit anderen ist Lichtenberg befreundet mit den Kommunisten eingesperrt und hungrig, wie sie sind, finden sie ((abends (nach der Arbeit)) keine Ruhe, unterhalten sich mit kindlichen Spielen, mehr als von der Wirklichkeit (die ist für sie nur Vernichtung) halten sie von sich selber und Lichtenberg, zwischen ihnen umherkriechend, macht mit bei ihren Kindereien ((aber steckt nicht in jedem Mann ein … aber einmal will er von ihnen wissen „Warum grämt ihr euch nicht?“ aber sie nehmen ihn nur in die Arme und ((GLÜCK, SAMMELT SICH ALSO DOCH WENN AUCH NUR (WIE DER SAMEN DER VERMEH-

RUNG) IN WINZIGEN TROPFEN IN DEN KÖRPERN VON HÄFTLINGEN, WENN AUCH NUR ALS ETWAS WAS SIE NUN ÜBERHAUPT NICHT GEBRAUCHEN KÖNNEN)) als er einmal im Unkraut nach Eßbarem sucht, findet er den Fetzen einer Zeitung, seine Broschüre „Das Weltall ist ein menschenleerer Raum“ wäre nun auch verbrannt worden, kann er da entziffern auf diesem verrotteten Fetzen, den er da zwischen Geißblatt und Schafgarbe gefunden hatte (die Broschüre war vor 5 Jahren erschienen und in ihr hatte er bewiesen, daß der kosmische Raum leer ist und fast vollständig ausgefüllt mit Mineralien (SEIN BUCH HATTE MAN ALSO VERBRANNT ALSO WIRD AUCH DIE ERDE BALD MENSCHENLEER SEIN UND NICHTS ANDERES ALS EIN MINERAL ABER WAS KÜMMERT DAS IHN ER HAT JA NUR NOCH EINEN WUNSCH ES SOLL ENDLICH SECHS UHR ABENDS VIELLEICHT AUCH NOCH SPÄTER SEIN DAMIT ER GLÜCKLICH IST INMITTEN ALL DER MÜDEN MENSCHEN DIE MAN EINGESPERRT HATTE UND DIE – WIE DAMALS IN DER HEIMAT IHRE KINDER IN IHREN SPIELEN AUF DEN MIT GRAS BEWACHSENEN HÖFEN – SICH NUR DEM HINGEBEN WAS SIE VERBINDET) aber Ende August, Anfang September wird Lichtenberg nachts unvermittelt geweckt vor seiner Höhle an seinem Baum steht eine Frau (war sie es, die ihn geweckt hatte) ein langer Mantel, eine Baskenmütze, unter der Locken hervorquellen links rechts neben ihr zwei Wachposten ist es ihm auch unmöglich zu lieben und sich ganz der Liebe hinzugeben und hatten seine Beine ihn auch schon längst im Stich gelassen, versuchte Lichtenberg – diese-Anmut-wie-die-sich-traurig-unter-ihrer-Kleidung-versteckt und der-biete-ich-ja-einen-schönen-Anblick und paß-auf-die-wird-doch-nicht-gleich – nun doch aufzustehen, was ihm, ein Stock muß ihm schon dabei helfen, sogar gelingt und – sofort setzt die Frau sich in Bewegung und Lichtenberg (DIE BEINE, ERWACHEN DIE ETWA WIEDER ZUM LEBEN) geht (wortlos, und noch immer hat er sich nicht beruhigt) hinter ihr her sie vorn nimmt von ihm keine Notiz, kuckt nach vorn in die Dunkelheit, in die der Weg sie führt und mehr als ihr Profil kann er von ihr nicht sehen im Büro des Lagers erwartet sie ein Gericht aus drei Uniformierten, Lichtenberg ist der erste, dem der Richter verkündet, daß er infolge der Nichtübereinstimmung seines Körpers und Geistes mit der germanischen Rasse und deren Niveau und zwecks rigoroser Gesundung des Volksorganismus von Subjekten, die in einen tierischen Zustand verfallen sind und zwecks Prophylaxe gegen die Verseuchung der Rasse durch minderwertige Individuen verurteilt wäre zum Tod durch Erschießen usw. („Sie haben jetzt das Wort!" hatte der Richter dann noch gesagt, aber Lichtenberg hatte geantwortet: „Ich bin stumm.") „Hedwig Wotmann!" wendet sich danach der Richter an die hinter Lichtenberg Stehende „Sie sind Mitglied der hiesigen Organisation der Kommunistischen Partei. Von Ihrem Gesicht ist nie der Spott über den obersten Führer der nationalen Revolution gewichen. Schon vor längerem haben Sie, damals in Haft, zwei höhere Offiziere des nationalen Dienstes Gegenliebe und Ehe verweigert und damit deren rassische Würde beleidigt. Also hat das Gericht beschlossen, Sie, als persönlichen Feind des Stammesgenius der Teutonen, zu vernichten. Haben Sie noch etwas zu sagen"? – „Ja!" (sie muß da nur ironisch lächeln) „Ich habe den beiden Offizieren meine Liebe verweigert, denn ich bin eine Frau, aber die beiden sind keine Männer!" – „Wieso!" (DER RICHTER: Wie kann die so etwas behaupten. Ich versteh die Welt nicht mehr! Hilfe!) SIE (HEDWIG WOTMANN): „Diese Offiziere müssen erschossen werden, denn sie sind nicht im Besitz der Fähigkeit, Kinder zu zeugen, sie beteiligen sich also nicht an der Vermehrung der erstklassigen germanischen Rasse. Obwohl sie Deutsche sind, waren sie nur in der Lage, französisch zu lieben, aber nicht teutonisch! Diese beiden Offiziere sind Feinde der Nation!" – „Sind Sie Kommunistin", (will da ein anderes Mitglied des Gerichts wissen) – „Selbstverständlich. Doch um ihre Frage endgültig zu beantworten, bitte ich Sie, überlassen Sie mir ihre Waffe!" ((die Bitte wird abgelehnt und der Vorsitzende des Gerichts („Führen Sie das nächste Paar Bastarde herein!") gibt die allseits bekannten Anordnungen, wie die Hinrichtung vollzogen werden soll)) vier Offiziere (in den Händen entsicherte Revolver) eskortieren Lichtenberg und Hedwig Wotmann aus dem Lager dem Zug voran gehen (auf den Köpfen Särge, die sie eigenhändig im Lager angefertigt hatten) zwei Kriminelle und so als ginge sie jetzt nicht dem Tod, sondern einer Verwandlung entgegen, schreitet Hedwig Wotmann wie immer anmutig, ganz gelassen Luft wie über einer Müllhalde hatte sie (wie Lichtenberg) eingeatmet, hatte unter ihrem Eingesperrtsein gelitten, hatte gehungert und auf den Kommunismus gewartet und nun geht sie (ohne daß Schmerz sie niederbeugt) ohne Angst und ohne etwas zu bedauern (noch hatte sie an den Kräften, die doch so geeignet waren, schwere Siege zu erkämpfen, dauerhafte Triumphe zu feiern, nichts eingebüßt) unberührt von wildesten Anfeindungen gesund und wortlos hinter ihrem Sarg her in den Tod (WER IST DIESE FRAU (Lichtenberg wittert förmlich ihren gesunden Körper ((UND IN JEDEM GESUNDEN KÖRPER RUHT EIN GESUNDER GEIST) nichts an ihr war verhärmt (IHR HATTE DER MÜLLWIND DEN LEBENSSAFT NICHT NEHMEN KÖNNEN UND DIE FÜHRT MAN JETZT AB)) es geht eine Senke abwärts, sie passieren ein ödes Tal

(WAR DAS DA DRÜBEN EINMAL EIN BACH, ABER NUN IST ER …) bald tauchen vor ihnen die Reste eines stillgelegten Keramikwerkes auf zwischen Fabrikmauern geht man lange durch einen schmalen Gang, da biegen vor ihnen die Sargträger um etwas und entschwinden ihren Blicken der Offizier, der sie links eskortiert hatte, geht vorsichtig, behutsam jeden Schritt setzend, zum Rand einer Schlucht (WELCHER RIESENBAGGER HATTE DIE EINMAL AUSGEHOBEN) da macht Lichtenberg was er auch schon als Kind, wenn da etwas war, wo nichts war, ein Loch, eine Lücke, nicht lassen konnte er tat etwas in dieses Nichts, dieses Loch, diese Lücke, tritt einen Schritt zur Seite und stößt den Offizier in die Schlucht weg ist der Offizier, aber von unten aus der Schlucht kommt ein Schrei, das Geklirr von Blech und das Knacken von Knochen und sofort stürzen die drei anderen Wachhabenden zum Rand der Schlucht und da schwenkt Hedwig Wotmann ihren Mantel und wie ein Vogel, lautlos und schnell wie ein Blitz, entschwindet sie den Blicken weg ist sie aber wie weit wird sie kommen DIE OFFIZIERE („Wir sind gleich wieder da!“) nehmen sofort die Verfolgung auf und Lichtenberg (unten in der Schlucht ist es jetzt still, die beiden mit den Särgen, wo sind die jetzt hin da weit weg zwei Schüsse legt sich auf die Erde ((SIE SOLLEN SIE EINFANGEN OHNE SIE KANN ICH NICHT MEHR SEIN ICH WILL SIE NOCH EINMAL (WENN AUCH NUR KURZ) SEHEN)) da ein weiterer Schuß und fast im selben Augenblick schlagen im Lager die Alarmglocken an und Lichtenberg erhebt sich (auf seine fast wieder gesunden Beine) und verläßt langsam, langsam den Ort, der zu seinem Grab werden sollte (IN ZEHN JAHREN WENN IHRE LEICHEN VERWEST GEWESEN WÄREN HÄTTEN DOCH SEIN SKELETT UND HEDWIG WOTMANNS SKELETT UND DAS JAHRTAUSEN-

DE LANG SICH UMARMT HÄTTEN SICH JAHRTAUSENDE LANG UMARMT) es ist ein Tag im Herbst, als Lichtenberg beim Hellwerden ankommt bei einer Siedlung, von der er bis dahin noch nie etwas gehört hatte acht Häuser, die Straße menschenleer und voller Müll, der, wie es scheint, schon lange nicht weggeräumt wurde als er am Rand der Siedlung vor einem der ersten Häuser steht, da sieht er es, da drüben das Hitler-Denkmal (ein entblößter, bronzener Halbkörper, vor dem Gesicht des Genies in einer steinernen Urne ein Strauß schmiedeeiserne Blumen (WIE KUCKT DER NUN AN WAS DENKT DER JETZT)) in dem Haus, das er als erstes betritt, kein Mensch in einem verstaubten Bett ein toter Junge (WIE LEICHT, WIE UNBESCHWERT ER SICH JETZT FÜHLT) auch in den beiden anderen Häusern, die er danach aufsucht, weder Mensch noch Tier (vor den Häusern in den Höfen die Bäume vertrocknet, ihre Rinde abgeschält), kein Gestank kommt aus den Abtritten (WIE LEICHT, WIE UNBESCHWERT ER SICH JETZT FÜHLT) aber in dem letzten Haus, da sitzt eine Frau und schaukelt mit der Linken eine Wiege, die von einer Decke hängt, während sie unentwegt beschäftigt ist, mit der Rechten, ein Kind, das da in der Wiege schläft, zuzudecken Lichtenberg will von der Frau wissen … doch sie (in welcher nun schon wie lange andauernden Trauer ist die gleichgültig geworden gegen alles) blinzelt, ohne zu antworten, weiterhin in die Wiege (ihr Gesicht (vor Hunger, vor Erschöpfung (?) braun wie das Hemd der Faschisten und ihre Haut und unter der Haut das Fleisch wie Herbstlaub (und bald, bald wird ihr das Fleisch von den Knochen fallen und sie wird schrumpfen auf die Größe einer Zwölfjährigen, und ist das Leid, daß sie nur noch instinktiv handeln kann, daß sie nicht aufhört, die Wiege zu schaukeln und zu schaukeln und immer wieder immer wieder das schlafende Kind zudeckt)) „Ist es eingeschlafen?“ fragt Lichtenberg (und beugt sich über die Wiege) DIE FRAU (lüftet die Decke): „Nein, sie schlafen einfach nicht. Ich wiege sie schon über zwei Wochen, aber sie frieren und können nicht einschlafen.“ In der Wiege auf einem Kissen, die Gesichter einander zugewandt, mit offenen Augen und bereits dunkel gewordenen Köpfen zwei tote Kinder Lichtenberg zieht die Decke ganz weg, es sind ein Junge und ein Mädchen, so fünf, sechs Jahre alt und beide sind schon völlig bedeckt mit Leichenflecken der Junge (will er so seine Schwester vor der Ewigkeit, in die sie sich hineinbegeben haben, schützen) hat einen Arm um die Schwester gelegt, während die Kleine, schon ganz Frau, eine Hand unter ihre Wange geschoben hat (da an ihrem Fuß dieser Schmutz, der ist doch bestimmt von ihrem letzten Spiel neulich auf dem Hof, und schon hatte sich Rauhreif auf der dünnen Haut der Kinder ausgebreitet). „Da sehen Sie, wie sie frieren.“ (behutsam deckt die Mutter die Toten wieder zu) „Und deswegen schlafen sie auch nicht ein.“– „Aber jetzt schlafen sie.“ ((mit seinem Zeigefinger und seinem ( ) finger drückt Lichtenberg die Augen der Kinder zu)) DIE FRAU (hört auf die Kinder zu wiegen): „Es stimmt. Tatsächlich.“ LICHTENBERG (nun in ihrer Küche) (macht erst einmal im Herd Feuer (als Brennmaterial nimmt er, was in der Küche so herumsteht), stellt, als das Feuer endlich brennt, einen großen Topf mit Wasser auf den Herd, geht dann nach drüben zu der Frau, teilt ihr mit, er hätte Fleisch aufgesetzt, es würde also heute Mittagessen geben, falls sie aber merken würde, er ist drüben in der Küche eingeschlafen, solle sie sich um das Fleisch kümmern, und wenn es dann mit dem Fleisch soweit wäre, er aber noch immer schlafen würde, solle sie ihn auf keinen Fall wecken, sondern ohne ihn essen)) DIE FRAU (sie könne schon warten, Lichtenberg soll aber daran denken, daß den Kindern ein besonders gutes

Stück Fleisch zustünde) so gut es geht stachelt Lichtenberg das Feuer noch einmal hoch, nimmt sich dann eines von den in der Küche herumliegenden Hackmessern und macht sich daran, von der Leiste seines linken (gesünderen) Beins abwärts das Fleisch längs von den Knochen zu schaben, aber bei dem Messer, das man vermutlich schon lange nicht mehr geschärft hatte, ein mühsames Arbeiten und so versucht er es mit einem anderen Messer und löst bis zum Knie eine dicke Scheibe Fleisch von seinem Bein, die er dann noch halbiert, in eine besseres Hälfte (an der weniger Fett ist) und in eine schlechtere, fettere, wirft dann beide in den Topf mit dem kochenden Wasser und kriecht dann hinaus auf den Hof, legt sich dort mit dem Gesicht zur Erde und hört zu, wie nun sein durchaus nicht unerfülltes Leben ihn in einem heißen Strom verläßt, sein Blut in den trockenen Boden sickert. Aber noch hört das in seinem Kopf nicht auf und er hebt den Kopf um ihn herum diese Leere, doch da, etwas entfernt das Denkmal von Deutschlands Retter und da ... da denkt er, so wie er sich das seit längerem angewöhnt hatte, nun nicht mehr ((in der Küche war inzwischen in dem Topf das Wasser verkocht und nun brutzelt (bis dann doch das Feuer ausging) das Fleisch in seinem eigenen Fett)) abends betritt gemeinsam mit einer jungen Frau (ein asiatisches Gesicht (und die Augen so hektisch) ein Polizist das Haus (DER POLIZIST: „Wo ist der Staatsverbrecher! Frau, Sie müssen mir helfen, ihn zu finden!" DIE FRAU: (WAS WILL EIGENTLICH DER POLIZIST HIER) „Ich suche und ich hoffe, daß der Staat mir dabei hilft, meinen wahnsinnig gewordenen Mann zu finden!" aber im Haus ist nur diese tote Frau, die mit dem Gesicht in einer Wiege mit zwei toten Kindern liegt (ABER WO IST DER MANN, DER HIER ZUSTÄNDIGE MANN, WO IST DER!) aber da ist kein Mann, doch in der Küche steht auf dem Herd ein Topf mit

Fleisch, das sogar noch warm ist. Also ... also nimmt der Polizist Platz und fängt an („Frau Lichtenberg, ruhen Sie sich aus!“) Abendbrot zu essen sie aber tritt (ohne den Polizisten weiter zu beachten) durch die Küchentür nach draußen auf den Hof. da in einer Ecke hingeworfen mit den Gesicht nach unten ist das etwa (sie berührt es mit dem Schuh) einer von den Urmenschen, denen noch ein Fell gewachsen war oder ist das ein großer Affe, den man verstümmelt hat und ihm danach eine Hose, ein Hemd, eine Jacke angezogen hat DER POLIZIST: „FRAU SELDA, SIE HABEN RECHT, DAS IST ... (vermutlich ein Affe oder irgendein anderes für Deutschland völlig unnützes und auch für die Wissenschaft uninteressantes Tier und die Sachen haben ihm Hitlerjungen oder SA-Leute angezogen)“ und so verlassen die beiden die kleine Siedlung, in der das Leben der Menschen, ohne etwas zu hinterlassen, an sein Ende gekommen war.

WOHNZIMMERSTÜCK
(HANSWURSTSZENE VI)

kaum daumengroß (und wie erwartet mit dunklem lippenbart, in stiefeln und uniform) fährt HITLER ((keine zwei schritt von mir (der seit geraumer zeit auf seinem sofa sitzt und fernsehen guckt) entfernt)) auf dem bildschirm meines fernsehapparates (der da auf den dielen steht) in einer offenen limousine zu auf den pariser eiffelturm, steigt dann (eine handbreit über den dielen meiner stube) als sein wagen zum stehen kommt und sofort uniformierte hinzuspringen und ihm die wagentür öffnen (da in meinem zimmer) aus dem offenen MERCEDES, schüttelt da unten am fußboden meines zimmers die hände, grüßt mit dem hitlergruß, lacht, wirft auch mir auf dem sofa lustige blicke zu und betrachtet dann (in meinem zimmer) von der obersten plattform des eiffelturms paris, zeigt nach unten auf die stadt (dort, wo in meinem zimmer die truhe steht), macht dann (in meinem zimmer) einen kurzen rundgang über die oberste plattform des eiffelturms ((und springt gleich (in einem kurzen satz)) über den bildschirmrand, flitzt unter mein sofa, (und ich (wenn ich ihn dann unter dem sofa nicht finde, kann ihn dann wo in der ganzen wohnung suchen?)), lacht erneut (scheint überhaupt da auf dem eiffelturm in meinem zimmer bester laune zu sein) bis ich auf den knopf der fernbedienung drücke und hitler (wohin?) verschwindet…

DAS ZAHLENMÄRCHEN

1 Kind nahm eines Tages 1 Stück Kreide und malte auf das Straßenpflaster vor seiner Haustür 1 weißen Himmel aus weißen Sternen, weißen Sonnen und weißen Wolken. Da kamen 2 andere Kinder die Straße entlang. „Was machst du denn?" fragten die beiden Kinder das Kind, „malst du?" Aber das Kind achtete nur darauf, daß es die Sonnen nicht größer malte als den Himmel und die Sterne nicht kleiner als die Sonnen und gab keine Antwort. „Spielverderber!" sagten da die 2 Kinder und gingen böse weiter. Da kamen 1 Frau, 1 Mann und 2 Kinder, 1 ganze Familie die Straße entlang. „O!", rief die Familie aus, als sie den weißen Himmel sah, den das Kind auf das Straßenpflaster vor seiner Haustür gemalt hatte, „du kannst aber schön malen!" Und nachdem die Familie den weißen Himmel aus weißen Sternen, weißen Sonnen und weißen Wolken ausgiebig bewundert hatte, fragte die Familie das Kind: „Wo hast du denn so schön malen gelernt?" Aber da das 1 Kind gerade auf die Bordsteinkante neben ein Gulliloch 1 weißen Garten malte aus weißen Bäumen, einer weißen Wiese und weißen Blumen, achtete es nur darauf, daß es die Blumen nicht kleiner malte als die Bäume und die Bäume nicht größer als die Wiese und gab keine Antwort. „Ungezogener Flegel!" sagte da die Familie und ging böse weiter. Da kamen 4 Männer, 4 Frauen und 8 Kinder, die Bewohner 1 Hauses die Straße entlang. „O!", riefen die Bewohner des Hauses, als sie den weißen Garten sahen, den das Kind neben dem Gulliloch auf die Bordsteinkante gemalt hatte, „hier ist ja ein richtiger Künstler am Werk!" Und nachdem die 16 Bewohner des Hauses den weißen Garten des Kindes aus weißen Bäumen, einer weißen Wiese und weißen Blumen und den weißen Himmel des Kindes aus weißen Sternen, weißen Sonnen und weißen Wolken ausgiebig bewundert hatten, fragten sie das Kind: „Und wie heißt du eigentlich?" Aber da das Kind gerade auf das Trottoir neben einem Elektro-

mast 1 weißes Gebirge malte aus weißen Bergen, weißen Felsen und weißen Schluchten, achtete es nur darauf, daß es die Berge nicht niedriger als die Felsen und die Felsen nicht höher als die Schluchten malte und gab keine Antwort. „Eingebildeter Affe!“ sagten da die Bewohner des Hauses und gingen böse weiter. Da kamen 16 Frauen, 16 Männer und 32 Kinder, die Bewohner 1 Straße, die Straße entlang. „O!“, riefen die Bewohner der Straße, als sie das weiße Gebirge sahen, das das Kind neben den Elektromast auf den Bürgersteig gemalt hatte, „das sieht ja phantastisch aus!“ Und nachdem die Bewohner der Straße das weiße Gebirge des Kindes aus weißen Bergen, weißen Felsen und weißen Schluchten, den weißen Garten aus weißen Bäumen, einer weißen Wiese und weißen Blumen und den weißen Himmel des Kindes aus weißen Sternen, weißen Sonnen und weißen Wolken ausgiebig bewundert hatten, fragten sie das Kind: „Wie kommst du nur auf solche phantastischen Ideen?“ Aber da das Kind gerade auf einen Pflasterstein neben dem Reifen eines parkenden Autos 1 weißes Tal malte aus weißen Seen, weißen Flüssen und weißen Bächen, achtete es nur darauf, daß es die Bäche nicht breiter malte als die Flüsse und die Seen nicht schmaler als die Flüsse und gab keine Antwort. „Na denn eben nicht!“, sagten da die Bewohner der Straße und gingen böse weiter. Da kamen viele Frauen, viele Männer und viele Kinder, die Einwohner 1 Stadt die Straße entlang. „O!“, riefen die Einwohner der Stadt, als sie das weiße Tal sahen, das das Kind neben dem Vorderreifen des parkenden Autos auf den Pflasterstein gemalt hatte, „was ein Kind doch alles kann!“ Und nachdem die Einwohner der Stadt das weiße Tal des Kindes aus weißen Seen, weißen Flüssen und weißen Bächen, das weiße Gebirge des Kindes aus weißen Bergen, weißen Felsen und weißen Schluchten und den weißen Garten des Kindes aus weißen Bäumen, einer weißen Wiese und weißen Blumen und den weißen Himmel des Kindes aus weißen Sternen, weißen Sonnen und weißen Wolken ausgiebig bewundert hatten, fragten sie das Kind: „Und warum machst du das?" Aber da das Kind gerade auf die Straße und das Trottoir vor die Füße der Einwohner der Stadt 1 Stadt malte aus weißen Häusern, weißen Straßen und weißen Menschen, achtete es nur darauf, daß es die Menschen nicht kleiner malte als die Häuser und die Häuser nicht größer als die Straßen und gab keine Antwort. „Unverschämtheit!" riefen da die Einwohner der Stadt, „müssen wir uns das gefallen lassen?" Und die Männer der Stadt nahmen dem Kind das Stück Kreide weg, und die Frauen der Stadt zerbrachen das Stück Kreide in 1000 Stücke und die Kinder der Stadt spuckten auf die weißen Kreidebilder des Kindes und zerkratzten die Bilder mit ihren Schuhsohlen, bis auf der Straße und dem Trottoir kein Bild mehr zu sehen war, und danach gingen die Einwohner der Stadt zufrieden weiter und ließen auf der Straße 1 weinendes Kind zurück, um das jeder 1 Bogen machte, wenn er es nur von weitem sah.

Wie viele Personen bewunderten das Bild des Kindes? Und welche Zahl erhält man, substrahiert man alle im Märchen genannten Zahlen, zieht man daraus die Wurzel und dividiert die dann durch drei?

WIEDERSDORF

Um von dem Stapel Brennholz, den sie vor ihrem Haus auf der gegenüberliegenden Straßenseite gelagert haben, zu holen, öffnet er gegen 12.48 Uhr (er arbeitet bei einer Logistikfirma, hatte Nachtschicht, ist aber jetzt ausgeschlafen) die Tür ihres Hoftors, da sieht er vor sich dieses Gesicht eines zwanzigjährigen jungen Mannes und sieht den Revolver, der da auf ihn gerichtet ist, und da hört er auch schon, wie der andere, der den Revolver auf ihn gerichtet hält, zu ihm sagt: „Gib mir deinen Autoschlüssel. Her mit deinem Autoschlüssel!", daraufhin er („Ja, ich gebe ihn dir, aber ich muß ihn erst aus dem Haus holen!") und dreht sich um und will ... „Ich hatte hinter mir nur diesen kurzen Knall gehört und merkte gleich, hinten in meinem Nacken ist etwas passiert ... " (die Kugel war zwei Millimeter neben seiner Halsschlagader in seinen Hals gedrungen) „Bis nach drüben zu unserer Haustür war es mir zu weit, außerdem mußte ich ja die Tür auch noch aufmachen, also ..." flüchtet er nun über den Hof nach drüben (dort wird schon etwas sein, hinter dem er sich verstecken kann, ein Stapel Kisten, Körbe, ihre Zinkbadewanne) nach drüben zu ihrem Schuppen und geht dort hinter ... in Deckung. (ABER WO IST JETZT DER ANDERE, IST DER WEG ...) aber der andere steht auf dem Hof (ist also ins Haus gekommen) steht auf ihrem Hof und ist beschäftigt mit seinem Revolver, doch jetzt hat er ihn da hinter der ... entdeckt und grinst ihn, während er zack-zack seinen Revolver nachlädt, vom Hof aus an ... – SIE (ist im oberen Stockwerk ihres Hauses gerade beschäftigt mit ... als sie unten im Hof diesen Knall hört und sofort denkt „Jens!" „Jens" (ist etwa mit der Kettensäge etwas passiert) und sie im Haus die Treppe nach unten rennt und da ist sie auch schon draußen auf dem Hof (DA IM SCHUPPEN, JENS, DER BLUTET JA WIE VERRÜCKT) und will ... doch da („Da war im Rücken dieser Schlag, den ich da gespürt habe, war nicht doll, ich habe zwar etwas gemerkt, aber … aber trotzdem war alles aus, riß es mir die Beine weg …") fällt sie nach vorn mit dem Gesicht auf das Hofpflaster („Und dann spüre ich noch einmal etwas in meinem Rücken") und bleibt dort liegen, während er (vom Schuppen aus) sieht, wie der andere (der ihn eben noch angegrinst hatte („Du da, ich sehe dich. Warte, gleich bist auch du fällig!") zu seiner am Boden liegenden Frau tritt, mit dem Revolver auf den Rücken seiner Frau zielt, abdrückt, doch da macht der Revolver nur „Klick" und „Scheiße! Scheiße!" (ruft da der andere und ruft noch einmal) „Scheiße!" und fängt an, das, was ihm als Patronengürtel dient, hektisch abzusuchen (nach einer weiteren Patrone?), ruft dann noch einmal „Scheiße!", wirft schließlich den Patronengürtel (weil der leer ist?) auf den Hof und er … und er … und sie ((wie war sie eigentlich zurück ins Haus gekommen, und wer von beiden hatte dann noch (der andere, der war nun wo …) ihr Hoftor abgeschlossen)) versucht (O, IHRE HÄNDE, WIE DIE DABEI ZITTERN IHRE HÄNDE SIE SOLLEN ENDLICH FUNKTIONIEREN) (verschanzt hinter einer Tür parterre) gegen 12.59 Uhr in ihr Handy die Nummer 110 zu tippen, aber die Stimme, die sich dann nach 13.00 Uhr in ihrem Handy meldet, sagt, sie wären hier die 110, aber sie müsste bei ihrer Angelegenheit die 112 anrufen, doch als es ihr dann gegen 13.03 Uhr gelingt (jetzt zittern nicht nur ihre Hände …) die 112 in ihr Handy zu tippen, kann sie zu der Stimme, die sich daraufhin meldet immer nur sagen „Polizei! Polizei!" Sie müssen kommen. Bei uns …", aber die Stimme fragt sie immer wieder „Wie ist Ihr Name? Wie ist Ihr Name? Wie heißen Sie? Nennen Sie mir Ihren Namen! Wie ist Ihr Name! Nennen Sie mir Ihren Namen! Wie heißen Sie! Wie ist Ihr Name? Wie ist Ihr Name? Wie heißen Sie?" und sie (als die Stimme sie dann auffordert: („Gehen Sie auf den Hof und kucken Sie nach, ob der Angreifer noch auf dem Hof ist!"): „Ich gehe keinen Schritt mehr aus dem Haus! Ich blute! Mein Mann blutet!" Es ist 13.23 Uhr, als erneut ihr Handy klingelt und die Stimme von vorhin (hatten inzwischen Nachbarn die Polizei verständigt?) sie auffordert:."Gehen Sie jetzt auf den Hof und machen Sie den Polizeihubschrauber auf sich aufmerksam" und als sie dann gegen 13.31 Uhr auf den Hof geht und dem Hubschrauber, der über ihrem Haus kreist, zuwinkt, dreht der gegen 13.33 Uhr wieder ab und fliegt davon. Aber dann scheint draußen auf der Straße vor ihrem Hoftor etwas zu passieren, und als sie beide dann gegen 13.42 Uhr die Tür ihres Hoftors einen Spalt breit öffnen, sehen sie ihn, den Streifenwagen, der da vor ihrem Hoftor angekommen ist und auf seinem Fahrersitz diesen EINSAMEN POLIZISTEN ...

HELLERSDORFER BALLADE
(HANSWURSTSZENE XIII)

ES IST FREITAG NACHMITTAG (KURZ NACH 16 UHR) und SIE (da an der Theke) geht noch einmal (SIE HAT HEUTE MIT WIEVIEL TRINKGELD ZU RECHNEN) ihre Kassenbons durch und bindet sich jetzt ihre Servierschürze ab und … (NOCH HAT SIE ZEHN MINUTEN ZEIT, WENN SIE SICH JETZT BEEILT, KANN SIE, NOCH BEVOR SIE DEN KLEINEN VON DER KRIPPE ABHOLT, DIE WOCHENENDEINKÄUFE ERLEDIGEN) (kuckt zur Uhr) (sie muß also jetzt, beim ( ) keineswegs hetzen und SIE (mit knapp einem halben Jahr gibt sie die Mutter (KEIN MANN UND NUN DAS DRITTE KIND, DAS SCHAFFE ICH EINFACH NICHT) im Kinderheim ab ((und sie ist zwölf, als man sie zur Heimleitung ruft (HURRA, DU HAST NUN ENDLICH WIEDER EINEN VATER, NÄCHSTE WOCHE HOLT DICH DEINE MUTTER AB)) (o, sie hatte sich in einem der Umkleideräume der Jungen versteckt, sich in die Jungentoilette eingeschlossen, hatte geheult, denn von (wenigen) Weihnachtsbesuchen bei der Mutter braucht ihr keiner zu erklären, was sie bei der Mutter erwartet (die beiden älteren Schwestern verabschieden sich, sie gehen jetzt nach unten zu einer Freundin, aber sie muß noch der Mutter beim Bügeln helfen, und dann müssen ja auch noch einige Strümpfe gestopft werden und einkaufen muß auch noch jemand …), klar, daß sie mit sechzehn von zu Hause verschwindet und mit einer Freundin herumzieht, bis sie sich schließlich häuslich einrichten und einziehen in die Laube von deren Großeltern … „Zurück zur Mutter oder Jugendwerkhof?“(die Frage muß sie beantworten, als sie dann doch aufgestöbert werden von der Polizei) „Zurück zur Mutter oder Jugendwerkhof? – „Jugendwerkhof!“ (und im Jugendwerkhof wird sie ausgebildet zur Facharbeiterin für die Herstellung von Dauerbackwaren (O, SEITDEM KANN SIE KNÄCKEBROT NICHT MEHR SEHEN), und wie entscheidet sie sich, als sie mit neunzehn schwanger ist (sie musste inzwischen den Jugendwerkhof endgültig verlassen und wohnt nun wieder bei der Mutter) und die Mutter dieses Problem auf ihre Weise lösen will: „Du treibst ab oder du fliegst raus!“ (Und der Vater, der Vater, wer ist eigentlich der Vater ihres Kindes? Den erwischt sie noch während ihrer Schwangerschaft mit einer anderen, doch da kennt sie nichts, sie, vom Jugendwerkhof weiß, wie man mit Jungens umzugehen hat …) und dann die sechs Jahre (die nur als Übergangslösung gedacht sind) und in denen sie (nun mit ihrer Tochter) im Wohnheim der HO (bei der sie als Küchenhilfe arbeitet) wohnt, doch dann heißt es Tbc und sie … (erhält nun endlich, endlich eine Dringlichkeitsbescheinigung für eine Zwei-Raum-Wohnung …) AUF DEM NACHHAUSEWEG IM BUS ( ) (IM BUS DIE ANDEREN LEUTE ( ) MIT DER (VOLLEN) EINKAUFSTÜTE HAT NUN DEN KLEINEN VON DER KRIPPE ABGEHOLT UND TRÄGT IHN AUF DEM ARM NACH HAUSE, VERSTAUT (ZU HAUSE ANGEKOMMEN) DEN EINKAUF NICHT NUR IM KÜHLSCHRANK, ERLEDIGT NOCH ( ) (DER KLEINE KRABBELT DURCH DIE WOHNUNG) UND SETZT NUN (ENDLICH) WASSER AUF UND GLEICH GLEICH WIRD SIE SICH EINE TASSE KAFFEE AUFBRÜHEN … doch da … da … da … klingelt es (IST DAS ER, ABER WARUM KLINGELT DER ER HAT DOCH NUN WIEDER EINEN EIGENEN WOHNUNSSCHLÜSSEL) (ER, DEN SIE VOR … WIEDERTRIFFT (UND DER DA NOCH IMMER DER VIERUNDZWANZIGJÄHRIGE MIT DEM LOCKENKOPF EINES SECHZEHNJÄHRIGEN IST) („SO TRIFFT MAN SICH WIEDER … DU WEISST JA, DAMALS MUSSTE ICH … STIMMT SCHON, ICH HÄTTE MICH SCHON NOCH EINMAL MELDEN SOLLEN … KOMM DOCH FREI-

TAGABEND ZUM ESSEN … UND WAS GIBTS … WIRST SCHON SEHEN …“)) (und dann bleibt er nicht nur an diesem Freitagabend, er bleibt auch noch den langen Sonnabend und geht am Sonntagnachmittag sogar noch (gemeinsam mit der Tochter)) spazieren und als man sich dann Montag früh trennt (sie müssen beide zur Arbeit) ist sie es, die ihn fragt: „Kommst du wieder?“ Doch er ist bereits am Abend dieses Montags wieder da, an dem Montagabend ein Jahr später noch immer, doch nun sitzt man nicht mehr im Wohnzimmer zusammen auf der Couch, nun steht sie (hat sich nach dort zurückgezogen) in der Küche und ist gerade dabei ( ), da merkt sie, auch er ist inzwischen in die Küche gekommen, doch da fängt er auch schon (keine zwei Schritt hinter ihr) an zu reden: „Könntest du deiner Tochter sagen, sie soll sich endlich ins Bett scheren. Sag der, jetzt ist Schluß mit Fernsehen.“ – „Sags ihr doch selber!“ – „Also, wenn das meine Tochter wäre, die würde jetzt schon längst im Bett liegen. Oder ich hätte ihr schon längst eine gefeuert.“ – „Dann feuere ihr doch eine.“ – und da … und da … da … (dauert es einen Augenblick, bis sie begreift, was eben passiert war) (sie hatte sich umgedreht und er stand nun dicht hinter ihr) (nicht, daß es ihr besonders weh getan hätte) … “Das machst du nicht noch einmal! Hau ab, du! Pack Deine Sachen und verschwinde!“ Das ist nicht deine, das ist meine Wohnung. Also verschwinde! ((GEHT DER JETZT ENDLICH ODER GEHT ER NICHT (vorsichtshalber nimmt sie vom Haken seinen Wohnungsschlüssel)) „Gib den Schlüssel her! Gib den Schlüssel her! Das ist mein Schlüssel! Her mit dem Schlüssel) … und dann (an einem Dienstagabend danach) stehen sie sich erneut in der Küche gegenüber und lassen einander nicht aus den Augen und er … und an einem anderen Abend stehen sie sich vor der Tür des Kinderzimmers gegenüber und er redet so, als hätte sie soeben nicht gesagt, sei wenigstens leise oder willst du unbedingt … wecken … und dann … dann begegnen sich beide abends im Korridor der Wohnung vor der Schlafzimmertür (sie kommt aus der Küche, wo sie sich aus dem Kühlschrank eine Flasche Bier geholt hat) und da gibt er ihr einen Schubs, so daß sie … und dann … und dann („DAS IST MEINE WOHNUNG! NICHT DEINE! ZIEH ZURÜCK ZU DEINER MUTTER!“) und dann kommt der Abend, an dem sie abends nach um zehn (an der Hand ihre Tochter) auf den Klingelknopf der Wohnung ihrer Freundin drückt (die vier Wohnblocks entfernt wohnt) („Können wir bei dir schlafen? Ich halte das nicht mehr aus!“) … und dann kommt der (Donnerstag)abend, an dem … (Die Freundin: „Soll das jetzt so weitergehen, daß der jeden Abend gegen meine Tür bummert? Brigitte, du darfst den einfach nicht mehr in deine Wohnung lassen! Du bist doch nicht verpflichtet, den in deine Wohnung zu lassen!“) … es wieder ihre Wohnungstür ist, vor der er herumrandaliert … („Was sind denn das für Leute? Zu wem gehört der denn? Zu der Kellnerin mit dem dicken Bauch? Ruhe! Ruhe!) Die Tochter (sie ist inzwischen zwölf): „Mutti, du darfst den nicht in die Wohnung lassen! Das ist unsere Wohnung und nicht dem seine! Was will der denn noch von dir! Das Kind, das du von dem kriegst, kriegen wir auch alleine durch!“ ((und dann die Minuten, sie steht (in der Hand den Hörer der Gegensprechanlage) hinter der Wohnungstür und aus der Gegensprechanlage hört sie seine Stimme (MEINE UHR IST EINGESCHLAFEN / ICH HÄNGE LOSE IN DER ZEIT / EIN STURM HAT MICH HINAUSGERTRIEBEN / AUF DAS MEER DER EINSAMKEIT / GIB MIR ASYL HIER IM PARADIES … usw.)) und das ist, was ihre Tochter (bevor sie rasch in ihr Zimmer verschwindet und mit beiden Händen von innen die Tür von ihrem Kinderzimmer zuhält) der Mutter (die nun schon eine Weile bei der

Wohnungstür gestanden und versucht hatte, ihn, der draußen vor der Wohnungstür …, zu beruhigen) zuruft: ( ) (aber dann dreht sie doch den Schlüssel der Wohnungstür um und … und da stößt er auch schon von außen die Wohnungstür auf, stürmt auf sie, die inzwischen einige Schritte zurück gewichen ist, zu und versetzt ihr, kaum, daß er bei ihr angekommen ist, links und rechts Ohrfeigen und schlägt, als sie sich duckt, sich unter ihre Hände verkriecht, auf ihre Hände, ihren Kopf ein …) „Mutti, du darfst den nicht wieder in die Wohnung lassen … auch wenn er jetzt verspricht, nur weil … jetzt da ist, wird er sich ändern, ein richtiges Familienleben mit zwei Kindern hätte er sich schon immer gewünscht …" „Mutti, laß den nicht mehr in die Wohnung! Laß den nicht mehr in die Wohnung …!" (aber bleibe stur, trommelt einer gegen deine Wohnungstür und du hörst das bis in die Küche, obwohl du die Küchentür zugemacht hast) … „Mutti, beim nächsten Mal holen wir die Polizei!" … und dann, als man sie zum zweiten Mal ruft (die Tochter war mit einem Zwanzigcentstück in der Hand zur Telekom-Säule an der Ecke gelaufen) ist die Polizei doch da, bevor er („Du bleibst jetzt hier, bis die Polizei da ist!") aus der Wohnung huschen und verschwinden kann … „Sie haben den Schlüssel zum Haus und zur Wohnung abzugeben!" „Und lassen Sie sich hier nie wieder blicken … !" … und dann wird er mit Blaulicht abgefahren, doch kurz nach zwölf … („Brigitte mach auf! Mach jetzt auf! … ") ist er wieder da und sie … ((BRIGITTE, WIE TIEF BIST DU GESUNKEN! WENN DAS SO WEITERGEHT, SPRINGE ICH NOCH VOM BALKON!") … in der Hand die Weinbrandflasche (vor dem Spiegel im Badezimmer) prostet sich zu … ABER WIE KOMME ICH ÜBERHAUPT DARAUF, DASS ICH BESSER BIN ALS DER … und dann ist eine Freundin zu Besuch, man sitzt im Wohnzimmer, kuckt Fernsehen und … und da klingelt es … („Brigitte, machst du mal auf! Darf ich hochkommen, ich geh auch gleich wieder …") Die Freundin: „Mensch, laß ihn doch rinn. Du hörst, daß der nicht besoffen ist …" ((und es ist die Freundin (und nicht sie, sie wollte hart bleiben), die schließlich auf den Türöffner drückt …)) und er (als er kurz danach oben in der Wohnung erscheint) schnappt sich gleich als erstes vom Schlüsselbrett den Wohnungsschlüssel und dann sitzt er auf der Couch, klappert ihr mit dem Schlüsselbund zu und lächelt KUCK MAL, WAS ICH WIEDER HABE KUCK MAL WAS ICH WIEDER HABE …) … es ist nun kurz nach sieben und geklingelt hat die Freundin (die Freundin kommt erneut zu Besuch) gemeinsam bringen sie den Kleinen ins Bett … und dann sitzt man im Wohnzimmer auf der Couch, ißt von den Stullen, die sie geschmiert hat, und dann ist sie gerade dabei, in der Küche aus dem Kühlschrank zwei neue Bier zu holen, da hört sie, jemand macht sich an der Wohnungstür zu schaffen, und da ist auch schon zu hören dieser Jemand ist in der Wohnung … dieser Jemand ist jetzt im Korridor unterwegs … und jetzt sitzt dieser Jemand im Wohnzimmer in dem Sessel, neben dem Fernsehapparat gegenüber der Couch, auf der die beiden Frauen sitzen und sie hat kaum Platz genommen, da fängt er auch schon an zu reden (und die Bierflasche, die sie nach ihm wirft, macht ihn keineswegs still, die fliegt an ihm vorbei ins …) „Und wo ist überhaupt deine Tochter. Bei der kann man froh sein, kommt die abends überhaupt noch nach Haus. Das wird bestimmt einmal genauso eine Pennerin wie du. Bei der kann man doch nur darauf warten, bis sie ins Heim kommt. Ihr seid ein Gammelhaufen. Und wann kriege ich denn nun endlich auch eine Stulle, ihr habt ja was zum Fressen …" und dann steht sie in der Küche (es ist eine kleine, eine sehr kleine Küche, in der nicht einmal Platz ist für einen noch so kleinen Tisch, in der eine Frau gerade ihre Hausfrauenarbeit machen kann) und müht sich ab (MUSS ICH MICH VON DEM WENN ES IHM PASST IN DIE KÜCHE VERTREIBEN LASSEN) ihm eine Stulle abzuschneiden, doch da hört sie, er ist ihr gefolgt, steht jetzt bestimmt einen Schritt hinter ihr ... („Na, wird das nun noch was mit meiner Stulle?“) o gleich wird er sie ... ((hier in der Küche hat er sie nicht nur einmal ... an den Schultern gepackt und geohrfeigt, gegen die Einbauküche geschubst, hat sie ...) und da dreht sie sich (in der Hand noch immer ... (sie ist ja da noch immer mit dem Stullenabschneiden beschäftigt)) um und ... und ... und ... und ... (LASS DEN KOPF RUHIG HÄNGEN / LASS DEN TRÄNEN FREIEN LAUF / ES WIRD DIR NICHTS GESCHEHEN / ICH PASSE AUF DICH AUF / SCHLAF, SCHLAF SEI BRAV UND SCHLAF / DU WIRST SEHEN, WIE GUT DAS TUT / SCHLAF, SCHLAF ... // ER HAT AN DIR VORBEI GESEHEN / UND IHM WAR KALT DABEI / KEIN ABSCHIED MACHT ES UNGESCHEHEN / SPIEL NOCHMALS AS TIME GOES BY ER HAT SIE NICHT VERGESSEN KÖNNEN / DAS LÄCHELNDE GESICHT / WAR EIN STILLES NIEDERBRENNEN / NIE GANZ AUSGELÖSCHT / SPIEL NOCHMALS AS TIME GOES BY / ER HAT AN DIR VORBEIGESEHEN / UND IHM WAR KALT DABEI ... // ALS ICH MIR WÜNSCHTE, EIN KIND ZU SEIN / HAT DER TAG LÄNGST SEIN LICHT AUSGELÖSCHT. / STILLE DRANG DURCH ALLE FENSTER EIN; / ALS ICH MIR WÜNSCHTE EIN KIND ZU SEIN ... /MANCHE LEUTE LIEBEN NUR DIE NACHT, / WEIL SIE VERDECKT, WAS DUNKEL MACHT. / ICH LIEBE JEDE STUNDE. / ANDERE BETEN NUR ZUM SONNENSCHEIN / UND GLAUBEN DANN IM GLÜCK ZU SEIN, / DOCH ICH MAG JEDE STUNDE. / JEDER TAG ZEIGT MIR SEIN GESICHT ...

TETEROW-LIED

Es war
An einem Sonnabendnachmittag vor einem dritten Advent, und
Ich war, um hier meinen Geburtstag zu feiern,
Nach Hause zu meiner Familie gefahren, und
Wir waren auch noch mitten beim Feiern, als
Meine Schwester zu mir sagte:
„Du, im Kulturhaus findet heute ein Boxturnier statt und ich kenne einen,
der da mitboxt.“ Also
Machten wir uns, obwohl unsere Feier noch gar nicht zu Ende war, und
Ich mich fürs Boxen überhaupt nicht interessierte,
Auf den Weg zum Kulturhaus, aber
Dort erfuhren wir, daß
Im Kulturhaus das Licht ausgefallen war,
Also nicht geboxt werden konnte, und so
Gingen wir, um dort etwas zu essen, in den „Goldenen Anker“,
wo, wie es hieß, auch die Boxer untergebracht wären, und
Wir hatten gerade etwas bestellt, als
Hinten im Saal eine Tür sich öffnete, und
Eine von den Boxmannschaften betrat den Saal,
Darunter er, den meine Schwester von einer Feier her kannte.

„Fritz!“, rief da meine Schwester und er,
Mit dem sich meine Schwester danach auch ein paar Mal getroffen hatte,
Drehte sich auch um,
Kam aber nicht an unseren Tisch, aber
Als ich dann auf dem Weg von der Toilette am Tisch der Boxer vorbei mußte,
Faßte ich mir ein Herz, gab ihm die Hand und
Fragte ihn, ob er nicht Lust hätte, zu uns an den Tisch zu kommen,
Was er dann auch tat, und
Mutig und vorlaut, wie sie nun einmal ist,
Fragte ihn dann meine Schwester, ob er
Für den Abend noch etwas vorhätte,
Er könnte ja mit zu uns nach Hause kommen,
Mit uns meinen Geburtstag feiern, und
So saßen wir noch nachts halb eins in unserem Kinderzimmer auf den Betten,
Unterhielten uns und er, obwohl es
Dann bald halb zwei wurde und er am nächsten Tag doch boxen mußte,
Machte keinerlei Anstalten zu gehen, und
Dann sprachen wir über weiß ich was, als
Meine Schwester plötzlich rief; „Kuckt mal!“, und

Zum Fenster deutete, das
Obwohl es Dezember war und draußen kalt, weit offen stand, und
Da konnten wir es sehen,
Draußen hatte es angefangen zu schneien, und
Es war draußen, während es schneite, ganz still, und
Auch wir sagten kein Wort mehr,
Saßen auf unseren Betten und kuckten nach draußen,
und kuckten, und kuckten …

JAN HEIN

EINIGE NOTIZEN ZU LOTHAR TROLLE

„Schulbücher / gab es, die klärten sofort, wo Heimat herkommt und / wem die über den Hügel ziehende Wolke gehört, / und man vergaß die Zugehörigkeiten auch nicht, bis / zu einem der nächsten Konflikte im / Herbst, oder war es / schon Frühling?“
Jürgen Becker, Das Gedicht von der wiedervereinigten Landschaft[1]

Diese Literatur ist selten. Randständig. Schwer zu fassen. Trolle ist ein Solitär. Stets hält er skeptisch Distanz zum Kultur-, Theater- oder Literaturbetrieb. Sein Leben verläuft in einer exzentrischen Bahn. Ohne Vorbilder, ohne Vorgänger.

In der Generation nach Heiner Müller gilt Trolle (nicht nur in Deutschland) mit Thomas Brasch und Einar Schleef als einer der wesentlichen Erneuerer der deutschsprachigen Dramatik. Und gemeinsam mit Elfriede Jelinek und – von den Jüngeren – Wolfram Lotz gilt er bis heute als ein Dramatiker, der das Theater mit seinen Texten nicht bedient, sondern immer wieder neu befragt und herausfordert, an seine Grenzen führt und über diese hinaus, für ein Theater der Zukunft.

Seit über 50 Jahren arbeitet er als freier Schriftsteller. Als Dramatiker, Erzähler, Lyriker, Hörspielautor und Übersetzer. In Theaterkreisen ist er heute (einigen) noch ein Begriff, auch wenn seine Stücke eher selten auf die Bühne finden. Und der Prosaautor, der Lyriker, der mehrfach ausgezeichnete Autor von Hörspielen, der Übersetzer? Trolle ist ein großer bekannter Unbekannter, ein großer unbekannter Bekannter, dessen Texte es (endlich) (neu) zu entdecken gilt.

Den so vielgestaltigen Texten von Lothar Trolle wünscht man Leser, neue Leser. Seine Texte versuchen nicht, ihren Arbeitscharakter zu verbergen, ganz im

Gegenteil: Sie stellen ihn deutlich aus. Als bearbeitetes Material. Die Texte sollen Spuren der Arbeit an sich aufweisen, als eine Form von Realität. Das mag vielleicht zunächst bei der Lektüre eine ungewohnte Mühe bereiten. Sie lohnt sich, sie ist eine große Bereicherung. Ungeahnt. Man möge die Texte lesen, immer wieder neu. Man möge ans Lesen gehen, die Texte entziffern, buchstabieren, Wort für Wort lesen, kombinieren, fantasieren ohne ideologische Zuschreibungen und Schablonen. Die Leser werden entdecken, dass diese Texte in keine der herkömmlichen Schubladen passen. Das Lesen seiner Texte öffnet für Neues. Die Texte erzählen, wie es (nicht) weitergeht.

Heimatland. Texte 1 bildet den Auftakt einer mehrbändigen Reihe mit Texten von Lothar Trolle, die im Wesentlichen nach 2006 entstanden sind.[2] Die Bände sind weniger Werkausgabe, sondern verstehen sich als (Arbeits-)Material. Lose verbunden gruppieren sich die einzelnen Texte jedes Bandes zumeist als Erstveröffentlichung um einen Knotenpunkt im Werk von Lothar Trolle. Der Band *Heimatland* versammelt Prosastücke, Berichte, Anekdoten, Landschaftsbeschreibungen, Lieder, Gedichte und Dramen. Trolle wirft in diesen Texten Blicke in verschiedene Zeiten, an verschiedene Orte und schaut mit Genauigkeit an die Ränder und bringt so die Widersprüchlichkeit und Brüchigkeit des Begriffes Heimat zur Sprache, bringt Gegenerzählungen.

*

Es gibt einen Text von Lothar Trolle, der *Lebenslauf* heißt: eine bislang unveröffentlichte autobiografische Skizze, in deren erstem Absatz Trolle in zwei Sätzen die Umstände der ersten anderthalb Jahre seines eigenen Lebens darstellt. Er wählt dazu eine Form, die ganz bewusst literarischen Kategorien und Ansprüchen folgt, die Form einer literarischen Maske nämlich, die entfernt an den

Chronikal-Stil von Kleists Erzählungen und Anekdoten erinnern mag. Die Umstände, die das Ich durch diese literarische Maske ausspricht, erklingen umso vernehmlicher, wie verstärkt. Trolle schreibt über sich:

> „Geboren wurde ich am 22.1.1944 in Brücken / Helme im Kreis Sangerhausen. Da mein Vater, Erich Berger, der bereits 1936 wegen kommunistischen Widerstandes zu drei Jahren Zuchthausstrafe verurteilt wurde, bei meiner Geburt erneut inhaftiert war (er fiel später als Angehöriger eines Strafbataillons), meiner Mutter als sogenannter ‚Halbjüdin' (auch mein Vater galt als sog. Halbjude) über mich das Erziehungsrecht abgesprochen wurde und ich als ‚rassisch minderwertig' einem Kinderheim übergeben werden sollte, übernahm zunächst mein Großvater über mich die Vormundschaft, die ihm aber dann, als er sich weigerte, sich von meiner Großmutter, nur weil sie Jüdin war, scheiden zu lassen, und er in ein Arbeitslager deportiert wurde, abgesprochen wurde, so dass nur das Kriegsende mich vor einer Einweisung in ein Kinderheim bewahrte."[3]

Die Eltern: Trolles Mutter war Hebamme. Fragt man ihn nach dem Beruf seines Vaters, antwortet Trolle, er wisse es nicht, Bautechniker vielleicht oder so etwas.

Brücken / Helme im Kreis Sangerhausen: Brücken / Helme ist ein kleiner Ort, der im Westteil des Landkreises Sangerhausen zwischen Wallhausen und Hackpfüffel liegt, im Landkreis Mansfeld-Südharz in Sachsen-Anhalt, im Grenzbereich zu Thüringen. Die Gegend liegt in einer Senke, der Goldenen Aue, zwischen dem Kyffhäusergebirge im Süden und den ansteigenden Hängen des Harz-Gebirges im Norden. In dieser Landschaft wächst Trolle in dem Dorf Brücken auf und geht dort ab 1950 zur Grundschule. Im nur acht Kilometer entfernten Sangerhausen besucht Trolle ab 1958 die Erweiterte Oberschule. Auf dieselbe Schule geht auch Einar Schleef. Sie lernen sich in der zehnten Klasse kennen. Obwohl gleichaltrig, ist Schleef zwei Klassen unter ihm, da er zweimal ein Unterrichtsjahr wiederholen muss.

Sangerhausen: Trolle und Schleef unternehmen in ihrer Schulzeit viel gemeinsam, auch um der dörflichen Enge zu entkommen. Sie trampen nach Naumburg und nach Schönebeck, wo die Malerin Katharina Heise lebt, die noch die Expressionisten kennt. Sie fahren in das Kulturhaus der Buna-Werke nach Schkopau, um im Theater einen Brecht-Abend von Gisela May anzuschauen. Mit der Hilfe eines Pfarrers aus dem Zittauer Gebirge, der ihnen in den frühen 1960er Jahren Bücher aus dem Westen mitbringt, kleine Kunstheftchen über Utrillo, Picasso, Matisse, van Gogh, Modigliani und so weiter, lernen sie die moderne Kunst kennen. Es gibt West-Brieffreundschaften, meist mit Christen, die Bücher schicken, die man in der DDR nicht bekommt. Trolle hat eine amerikanische Brieffreundin, eine Baptistin, die an der Düsseldorfer Kunsthochschule studiert und ihm Bücher zukommen lässt. In der Galerie Moritzburg in Halle (Saale) sehen Trolle und Schleef zum ersten Mal Bilder von Paul Klee: „Wir dachten, das sei gar nicht erlaubt."[4]

Nach Berlin: 1963 legt Trolle in Sangerhausen sein Abitur ab. Im Anschluss absolviert er eine Lehre als Handelskaufmann. Trolle will nach Berlin, arbeitet in den Jahren 1963/64 als Handelskaufmann in Sangerhausen, 1964/65 als Transportarbeiter. Trolle denkt, er könnte in Berlin am Deutschen Theater als Bühnenarbeiter arbeiten. Nach Berlin zu kommen, ist schwer: Man braucht eine Aufenthaltsgenehmigung, die man nur bekommt, wenn man Arbeit hat; und Arbeit bekommt man nur, wenn eine

Aufenthaltsgenehmigung vorliegt. Ein Kaderleiter, der mitbekommt, dass Trolle Verfolgter des Naziregimes ist, sorgt dafür, dass er die Aufenthaltsgenehmigung und die gewünschte Arbeit bekommt. Von 1965 bis 1966 arbeitet Trolle als Bühnenarbeiter am Deutschen Theater. Dort lernt er Bernd Müller, den Sohn von Inge Müller, kennen, der ebenfalls dort arbeitet.

Studium: 1966 beginnt er an der Humboldt-Universität das Studium der Philosophie bei Wolfgang Heise, in dessen Vorlesungen zu dieser Zeit das intellektuelle Berlin zusammenfindet: Heiner Müller, Volker Braun, Wolf Biermann, Fritz Marquardt, aber auch die Jüngeren wie Thomas Brasch und Barbara Honigmann, mit denen sich für Trolle ein neuer Freundeskreis entwickelt. „Er war wichtig“, schreibt Heiner Müller rückblickend über die Vorlesungen von Wolfgang Heise, „als Anregung und Motivation für die Studenten, für Autoren und Maler. Er hat jahrzehntelang versucht, die Vernunft, die Ratio, oder was er als Marxist dafür hielt, zu behaupten in einer zunehmend absurden und irrationalen Welt, in einem System, das langsam in den Veitstanz überging oder in die Katatonie.“[5]

Fritz Mierau: Schon bald auch Bekanntschaft mit dem Slawisten, Literaturhistoriker, Übersetzer, Essayisten und Herausgeber Fritz Mierau und dessen Frau. Man trifft sich bei ihnen. Viel später schreibt Fritz Mierau in einem Brief vom 29. März 1988 an Trolle: „Ich denke mir ja immer, was Sie machen, ist so selten, weil Sie zwei Sprachen zueinander bringen, die im Deutschen weit voneinander weg liegen, die von Stifter und die von Hans Arp. Aus der Ferne grüßen selbstverständlich die Lalen von 1597. Und kein Zufall, dass Sie zwei russische Verbündete haben: Daniil Charms und Andrej Platonow.”[6]

Kino: Ein wirklich prägendes Erlebnis ist ab 1966 das „Haus der Tschechoslowakischen Kultur“: Hier geht man ins Kino, „sucht nach Inspiration, Hoffnung und Elan, ohne Lüge, Unterwerfung und Anbiederung",[7] sieht die Filme der tschechoslowakischen Neuen Welle, die für den Aufbruch des Prager Frühlings stehen, die frühen Filme von Miloš Forman und Jiří Menzel, die in Berlin nicht gezeigt werden: *Der schwarze Peter* (Regie: Miloš Forman, CSSR 1964); *Liebe einer Blondine* (Regie: Miloš Forman, CSSR 1965); *Liebe nach Fahrplan* (Regie: Jiří Menzel, CSSR 1966); *Tausendschönchen* (Regie: Věra Chytilová, CSSR 1966); *Ein launischer Sommer* (Regie: Jiří Menzel, CSSR 1968). Und im „Haus der Polnischen Kultur" auch die Filme von Roman Polanski, etwa *Das Messer im Wasser* (Polen 1962).

Prag: Im Herbst 1966 unternimmt Trolle zusammen mit Einar Schleef seine erste Auslandsreise – nach Prag, drei Wochen lang. Dieses Prag ohne Touristen ist für ihn unvergesslich, genau wie die spürbare Aufbruchsstimmung vor 1968 und die Theaterbesuche dort. Im legendären „Theater am Geländer" (Divadlo Na zábradlí) unweit der Karlsbrücke sehen sie die Aufführung von Alfred Jarrys *König Ubu.* Und am Nationaltheater sehen sie die 1963 entstandene Inszenierung von *Romeo und Julia* in der Regie von Otomar Krejča, als eine Parabel über die unzufriedene Jugend in Opposition zu dem leichtfertigen Alter, die sich stark an den Inhalten des Kalten Krieges orientiert (Peter Brook, der die Aufführung 1964 als Gastspiel in Paris sieht, meint, es sei die beste Inszenierung der Tragödie, die er je gesehen habe). Gemeinsamer Besuch bei dem damals noch wenig bekannten Fotografen Josef Sudek.

1966 schreibt Trolle sein erstes Theaterstück: *Papa Mama*, es wird 1979 an den Städtischen Bühnen Krefeld Mönchengladbach uraufgeführt.

21. August 1968 – die Niederschlagung des Prager Frühlings. Barbara Honigmann schreibt dazu:

„Wir waren wild vor Entsetzen und Schmerz, es war nicht nur der Tiefpunkt erreicht, da waren alle ‚roten Linien' überschritten. Heute glaube ich, dass dieser Tag tatsächlich schon der Anfang des Zusammenbruchs des Systems zwanzig Jahre später war. Unter den Freunden herrschte Verzweiflung, aber auch der Wille, es nicht hinzunehmen und nicht tatenlos zu bleiben, und so klein unsere Aktion gewesen sein mag, so nötig war sie uns. Mein Freund Trolle und ich tippten auf der Schreibmaschine und schnitten Blätter zurecht, auf denen wir die letzte Strophe von Brechts ‚Lied von der Moldau' vervielfältigten: ‚Das Große bleibt groß nicht / und klein nicht das Kleine / die Nacht hat zwölf Stunden / dann kommt schon der Tag', und klebten die Zettel am sowjetischen Ehrenmal in Treptow an die Stelen des Heldenparks, und unsere tapfere Freundin Sabine legte sie in der Staatsbibliothek in den Katalogräumen zwischen den Karteikarten aus. Niemand hat uns ‚erwischt', und nicht einmal in unseren Stasi-Akten, die wir später einsahen, war unsere Heldentat verzeichnet, aber da stand sowieso immer nur, wer mit wem. Für unsere sexuelle Freiheit mussten wir aber nicht auf Barrikaden gehen, die nahmen wir uns einfach so."[8]

Freier Autor: 1970 hört Trolle auf mit dem Studium. „Es ging einfach nicht mehr, es war unerträglich. Ich habe noch ein Staatsexamen gemacht und bin einfach nicht mehr hingegangen."[9] Seitdem lebt er als freier Autor in Berlin und Brücken, als Dramatiker, Erzähler, Lyriker, Hörspielautor und Übersetzer. Das ist anfangs nicht einfach, da er keinerlei Veröffentlichungsmöglichkeiten hat und die Theater seine Stücke nicht spielen. Trolle schreibt dazu: „1. Wenn einer Stücke schreibt, es aber zu keiner Aufführung kommt, wird er für geleistete Arbeit nicht bezahlt, und früher oder später muß er sich eine besser bezahlte Arbeit suchen. 2. Distanz zum Theater ist für den Autor von Vorteil. Schreiben, ohne auf Wünsche-Grenzen der Bühne eingehen zu müssen, bedeutet Freiheit für den Autor. Und bekanntlich weisen die Stücke in die Zukunft, die die Bedingungen der Bühne sprengen.“[10]

Greikemeier: Aus einer Wette mit Thomas Brasch entsteht 1972 das Stück *Greikemeier. Szenen zwischen Himmel und Erde*, ein Stück über etwas, worüber es noch keins gab: über den Volksaufstand in der DDR am 17. Juni 1953, eine Komödie, Trolle über den 17. Juni auf dem Land, Brasch über den 17. Juni in der Stadt.[11] Das Stück ist bis heute zur Uraufführung frei.

Mikado: Von 1983 bis 1989 gibt Trolle zusammen mit Uwe Kolbe und Bernd Wagner die Literaturzeitschrift *Mikado oder Der Kaiser ist nackt* heraus. *Mikado* ist die erste Zeitschrift, die in der DDR ohne Genehmigung im Selbstverlag erscheint. Es werden Autoren veröffentlicht, die nur eingeschränkte oder überhaupt keine Veröffentlichungsmöglichkeiten haben. In *Mikado* erscheinen Texte von Adolf Endler, Elke Erb, Jan Faktor, Wolfgang Hilbig, Barbara Honigmann, Katja Lange-Müller, Monika Maron, Fritz Mierau, Bert Papenfuß, Ulrich Zieger und anderen. Die drei Herausgeber schreiben im Rückblick: „Will man resümierend von einem Ergebnis reden, muß zunächst festgestellt werden, daß mit *Mikado* das bis dahin Undenkbare gelungen ist: über mehrere Jahre hinweg in regelmäßigen Abständen in der DDR eine Zeitschrift ohne staatliche Genehmigung zu drucken und zu vertreiben, eine Zeitschrift, die nicht nur von einem kleinen Kreis von Bekannten getragen wurde und sich auch an diese wandte, sondern durchaus für ein weites Umfeld Bedeutung hatte. Voraussetzung dafür war, daß wir auf ein seit langem aufgestautes Bedürfnis trafen … Die Auflagenhöhe von hundert Exemplaren pro Heft mag in einer Umgebung, die in Glanzpapier unterzugehen droht, lächerlich erscheinen, doch sie stellt in einem Land, in dem es keine Kopiergeräte in privater Hand gibt, eine Obergrenze dessen dar, was auf nichtlegale oder außerlegale Weise herzustellen ist. Wir wollten nicht das Gesamtkunstwerk, keine Hermetik, keine Sammlung der literarischen Opposition, wir wollten einfach eine andere Öffentlichkeit … Wir suchen die Brisanz der Gegenwart in der Sprache, diesseits und jenseits des Vokabulars der Macht und der Anpassung. Was bleibt, ist eine Sammlung von Literatur, die vielleicht etwas von diesem Leben zwischen Gefährdung und Utopie wiedergibt. – Wege aus der Ordnung sind angefangen."[12]

Theater vor 1989: Fragt man Trolle, so könnte man nennen: 1986 wird am Theater Gera *Papa Mama* und *34 Sätze einer Frau* in der Regie von Wolf Bunge uraufgeführt. Im Berliner Theater unterm Dach wird 1987 *Im Urwald*, eine Montage der Stücke *Das Kind* und *Stimme des Herrn*, in der Regie von Wera Herzberg uraufgeführt, es spielen Corinna Harfouch und Andreas Schneider.

Nach 1989: Zu regelmäßigen Inszenierungen seiner Stücke kommt es erst nach 1989. Von 1991 bis 1993 ist Trolle unter der Intendanz von Peter Eschberg Hausautor der Städtischen Bühnen Frankfurt am Main. Eine Art Durchbruch erlebt Trolle am 16. Februar 1992 mit der Uraufführung seines zwei Jahre zuvor geschriebenen Stücks *Hermes in der Stadt* am Deutschen Theater Berlin in der Inszenierung von Frank Castorf. *Hermes in der Stadt* wird sehr erfolgreich nachgespielt am Deutschen Schauspielhaus Hamburg (Regie: Dimiter Gotscheff) und an den Münchner Kammerspielen (Regie: Laurent Chétouane). 1994 bis 1997 ist Trolle unter der Intendanz von Heiner Müller Hausautor des Berliner Ensembles und von 2011 bis 2013 bei Frank Castorf Hausautor der Volksbühne Berlin. 1994 wird das Stück *Die 81 Minuten des Fräulein A.* (Regie: Wolfram Apprich) beim Steirischen Herbst in Graz uraufgeführt. In Frankreich gilt Trolle zu dieser Zeit – in Folge der hohen Wertschätzung, die Heiner Müller dort seit den 1980er Jahren erfährt – als dessen Nachfolger innerhalb der neuen deutschsprachigen Dramatik und wird viel beachtet. 1997 kommt *Les 81 Minutes de Mademoiselle A.*, übersetzt von Michel Bataillon, vom Theater Le Point du Jour aus Lyon in der Regie von Michel Raskine beim Festival d'Avignon zur französischen Erstaufführung und wird in Frankreich häufig nachgespielt. Weitere seiner Stücke werden ins Französische übersetzt von Maurice Taszman, Jean-Louis Besson und Jean Jourdheuil. Es entsteht eine Werkausgabe. Wichtig sind für Trolle die Aufführungen durch die Regisseurin Hélène Ninerola und ihre Gruppe „Carcara", eine Truppe aus Schauspielern und Musikern, die seit 1995 unter anderem *Weltuntergang Berlin*, *Papa Mama*, *34 Sätze über eine Frau* und viele Kurz-Szenen aufführen und mit den Stücken in einem Zirkuszelt über das Land tingeln. 1998 folgt das Stück *Klassenkampf. (Svendborg 1938/39)* in Paris. Am Berliner Ensemble kommt in demselben Jahr das Stück *die baugrube (nach platonow)* (Regie: Armin Petras), 2002 das Stück *Die Heimarbeiterin* (Regie: Wera Herzberg) zur Uraufführung, 2012 an der Volksbühne Berlin das Stück *Anna fährt zur Uni* (Regie: Ivan Panteleev). Neben Theaterstücken schreibt Trolle auch zahlreiche Hörspiele, die wiederholt mit Preisen ausgezeichnet werden.[13] Zudem entstehen diverse Buchpublikationen.[14] Auch nach 1989 ist es nicht einfach. Trolle bleibt sich in seinem Schreiben treu, geht weiter seinen besonderen Weg und arbeitet auf seinen Feldern. Unbeirrbar. Seine Haltung ändert sich nicht. Die skeptische Distanz zum Betrieb bleibt weiterhin bestehen. Ob vor oder nach '89, die Theater tun sich weiterhin schwer mit seinen Texten, der Literaturbetrieb nicht minder. Er schreibt weiter, am Rand, unaufhaltsam. Unermüdlich an seiner Sache.

*

Heimatland: Ein Bericht aus der *Sangerhäuser Zeitung* vom 11. August 1933, der auf Trolles Interesse stößt, ist der Auslöser für den titelgebenden Text *Heimatland*. Darin wird über eine Aktion der SA gegen die Umtriebe einer kommunistischen Widerstandszelle berichtet, bei der 13 Mitglieder der verbotenen KPD aus Tilleda und Kelbra (Tilleda ist ein Ortsteil der Landstadt Kelbra und liegt in der Goldenen Aue), Trolles Heimatgegend also, verhaftet werden und auf Veranlassung des Amtsgerichts in Kelbra in das nahegelegene Konzentrationslager nach Sangerhausen überführt werden. Der Zeitungsartikel berichtet aus der Perspektive der Nationalsozialisten. Trolle legt im Text *Heimatland* die Sprache des Nationalsozialismus frei, bringt sie als Material in ihrem sozialen Gestus zum Klingen und kontrastiert sie durch andere Sprachen und Klangräume: Er fügt in diesen Text Auszüge aus Gedichten und Liedern einer anderen Zeit ein, montiert Verse aus *Der Weise auf dem Lande* des Anakreontikers Johann Peter Uz (1720–1796) aus dem Dichterkreis in Halle (Saale), Verse aus *Der Spaziergang* von Friedrich Schiller, aus *Das Dörfchen* von Gottfried August Bürger, als Lied vertont durch Franz Schubert (op. 11, No. 1), und führt mit einem Spaziergang durch die Straßen und Plätze der historischen Ortschaften überraschend bis in unsere Gegenwart. Der Text *Heimatland* bildet gemeinsam mit dem Text *Pastorale (nach Platonow)* eine thematische Grundierung des gesamten Bandes: Der Nationalsozialismus, der Faschismus, der Widerstand dagegen sind der Hintergrund für viele weitere Texte des Bandes. *Pastorale 2 (nach Platonow)* heißt Trolles Über- und Weiterschreibung, seine Bearbeitung der Erzählung *Müllwind*, die der russische Autor Andrej Platonow in den Jahren 1933/34 verfasst hat. *Müllwind* ist der einzige Text, in dem sich Platonow mit den Schrecken des Nationalsozialismus in Deutschland, mit dem Faschismus befasst hat, vielleicht eine der frühesten literarischen Reaktionen auf den Faschismus überhaupt. Die Erzählung vom Leben und Tod des Albert Lichtenberg spielt in einem deutschen „Kaff bei …" und berichtet von seinem Aufbegehren gegen die totalitäre nationalsozialistische Herrschaft, von seinem Aufenthalt und Verhör im KZ, von seiner Flucht und seinem legendenhaften (Opfer-)Tod. Es ist ein surreal-realistischer, albtraumhafter Text, in dem die Kategorien eines linearen Handlungsverlaufs oder einer Kausalität außer Kraft gesetzt sind. Trolle betitelt den Text mit dem seit der Antike für Literatur, Musik und bildende Kunst verwendeten Begriff „Pastorale", der Bezeichnung von Stücken, die das Landleben in idealisierter oder utopischer Form darstellen.

Trolles Texte, die der Band *Heimatland* versammelt, sind, wie sein gesamtes Werk, vielgestaltig: Der Band enthält verstreute Prosastücke, Berichte, Anekdoten, Landschaftsbeschreibungen, Lieder, Gedichte und Dramen. Diese Formenvielfalt ist verblüffend, zeigt sie doch die enorme Bandbreite seines literarischen Schaffens. – Anstöße zu den Texten geben Zeitungsartikel, Berichte, Protokolle und immer wieder die Literatur selbst. Verschiedene Zeiten werden in den Blick genommen, die Jahre 1933, 1949, 1597, die 60er, 70er, 80er, 90er Jahre des letzten Jahrhunderts, unsere unmittelbare Gegenwart. Verschiedene Orte spielen eine Rolle: das Land, die Gegend seiner ländlichen Herkunft, und die Stadt, Brücken, Sangerhausen, die Goldene Aue und Berlin, Recyclinghof, Wartehäuschen auf Bahnsteigen und Kaufland, Wohnungen mit ihren Wohnzimmern, Fernsehzimmern, Schlafzimmern, Fluren und Küchen, das Komponistenviertel in Weißensee und Marzahn-Hellersdorf, Wiedersdorf bei Landsberg im Saalekreis und Teterow in Mecklenburg-Vorpommern. Es wird etwas in den Blick genommen, das in die Literatur kaum Eingang findet. Es sind Ansichten von Randgebieten. Trolle schaut mit Genauigkeit an die Ränder, auf die Randgestalten in unserer Mitte. Sein Interesse wird von Geschichten und Vorgängen geweckt, die außerhalb der herrschenden, geltenden und gewohnten Erzählungen, Bilder und Ordnungen liegen. Trolle bringt so die Widersprüchlichkeit und Brüchigkeit des Begriffes Heimat zur Sprache, bringt Gegenerzählungen. Irritierend und verstörend.

Stimmen: Ob der Nationalsozialist in *Heimatland*, der Mitschüler des Aussiedlerkindes aus der 4A in *Bruno*, ob der Verkäufer im *Kaufmannslied*, der Arbeiter auf dem Recyclinghof in *Nachtschicht*, die Jugendlichen im *Bericht IX*, das Ehepaar in *Wiedersdorf* oder das Geburtstagskind in *Teterow-Lied* – Trolle schaut aufs Maul. Er ist auf der Suche nach Stimmen. Er lässt sie zu Wort kommen, bringt sie zum Klingen. Trolle ist auf der Suche nach einer sprechenden Mündlichkeit. Er legt die Stimmen als Material frei, lässt das Material sprechen, macht den sozialen Gestus erlebbar. Ohne einordnende oder deutende Rahmung. Ohne Interpretation. Das ist die Arbeit des Dramatikers. Trolle kommt so in seinen Texten den Dingen unseres Alltags immer wieder überraschend nah.

Genauigkeit: In einigen seiner Texte zergliedert Trolle alltägliche Handlungen oder Bewegungen (oft mithilfe der Klammern) präzise in ihre kleinen und kleinsten Augenblicke, er zerlegt sie in kurze Momentaufnahmen, aus denen sie sich zusammensetzen – fast wie bei der Fotografie oder im Film. (In einigen Filmen Godards gibt es so etwas.) Entscheidend ist die Kadrierung, die Wahl der Bildausschnitte: Welcher Ausschnitt der Welt wird ausgewählt und soll gezeigt werden? Einzelne Details, die sonst unentdeckt bleiben, werden deutlich sichtbar, wie in Vergrößerungen. Sie werden lesbar wie scharfe, klare Aufnahmen an einem Tatort. Die isolierten Bilder werden als Abfolge, wie im Schnitt, an- und zu einander montiert. Die Bewegungen und Handlungen der Menschen werden sichtbar – ruckartig, von Position zu Position – wie die von Gliederpuppen. Diese minutiöse Zergliederung alltäglicher Handlungen der Helden in ihre Einzelteile führt zu einer verfremdeten, genaueren Wahrnehmung der (scheinbaren) Normalität, in der sie leben. Sie ist eine Art Befragung der Verhältnisse. Augenblick für Augenblick, Bild für Bild, Schnitt für Schnitt. Ist das Leben? In Freiheit? Mit Würde?

Der literarische Hanswurst: In *Pierrot (nach Hafner)* greift Trolle zurück auf zwei Texte von Philipp Hafner (1735–1764), dem volkstümlichen Wiener Komödienschreiber und Wegbereiter des literarischen Hanswursts. Es sind zwei seiner *Hannswurstischen Träume*: komische und groteske Albträume, zum einen um Geld, Gier und Habsucht, zum anderen um die Mordgelüste an einem Ausländer aus patriotischem Eifer. (Sie könnten auch überschrieben sein mit: Schlaf, Traum, Schrei.) In barocker, volkstümlicher Sprache, voll anarchischem Sprachwitz und abgründiger Komik bringen sie die menschlichen Schlechtigkeiten an den Tag. In dieser auf Hafners *Hannswurstische Träume* zurückgehenden Tradition des Komischen steht in Trolles Schreiben zudem eine ganz eigene Werkgruppe, die sogenannten Hanswurstszenen, von denen seit 1993 bis heute 15 Stücke entstanden sind (*Wohnzimmerstück* und *Hellersdorfer Ballade* in diesem Band sind zwei Beispiele dafür).

Volksbücher: In den Text *Torsten* montiert Trolle diverse komische Streiche aus dem Volksbuch *Till Eulenspiegel*. Der Schalk Till Eulenspiegel hält in dieser Schwank-Sammlung mit Witz und Intelligenz den Mächtigen den Spiegel vor und öffnet dem einfachen Volk in vielen Dingen die Augen. Weist der Text *Torsten* nicht selbst Züge eines Schelmenromans auf? Züge eines ganz gegenwärtigen

Picaro-Romans des 21. Jahrhunderts? Ein bauernschlauer Schelm aus den unteren Gesellschafsschichten ist, um die Stigmatisierung durch die niedere Geburt zu überwinden, auch mit kriminellen Mitteln ständig auf der Suche nach Aufstiegsmöglichkeiten, und erlebt eine Reihe episodenhafter Abenteuer durch alle gesellschaftlichen Schichten, in denen – Abenteuer für Abenteuer – die unterschiedlichsten gesellschaftlichen Missstände in den Blick kommen. In diesen Traditionszusammenhang gehört auch, wie Fritz Mierau schon anmerkt, die bekannteste deutsche Sammlung von Schelmen-Geschichten: *Das Lalen-Buch*, ein Volksbuch mit Schildbürger-Schwänken aus dem Jahr 1597, ein neben *Till Eulenspiegel* weiteres sehr populäres Grundbuch des deutschen Humors. Es sind Lügengeschichten voller Sprachwitz aus der fiktiven Stadt Laleburg im Kaiserreich Utopia, in denen die Welt Kopf steht. Im Untertitel heißen sie: „Wunderseltzame / Abentheuerliche / unerhörte / und bißher unbeschriebene Geschichten und Thaten der Lalen zu Lalenburg". Genau diese Attribute treffen allesamt auch auf die Texte von Trolle zu.

Der Blick von unten: Nicht nur die Komik, auch der Blick von unten, wie er in den alten Volksbüchern existiert, kennzeichnet Trolles Texte. Der Blick von unten, ein hanswurstiger Blick, ein schelmenhafter Blick. Eine kindliche Perspektive auf die Verhältnisse. Ungekünstelt, einfach, natürlich, unverdorben, verständig, bescheiden und sich selbst treu. Vielleicht wie der naive Dichter bei Schiller? Ein proletarischer Blick?

Traum: Häufig machen Träume die Texte Trolles aus oder durchziehen sie. Die Texte folgen den unbewussten Strukturen von Träumen. Sie gehorchen keiner linearen Handlung oder Erzählung, sie sind keinerlei Kausalität verpflichtet oder unterworfen, sie sind den Kategorien Zeit und Raum enthoben. Sie schweben. Sie erscheinen selbst wie dahingeträumt.

Collage / Montage: Und können diese Traumtexte von anderen Texten träumen, dass sie auf sie folgen mögen? Gerade so traumwandlerisch montiert oder collagiert Trolle völlig überraschend und ohne Übergang Texte in Texte: (Landschafts-)Gedichte von Utz, Schiller oder Bürger wie in *Heimatland*, verschiedene Streiche und Abenteuer aus *Till Eulenspiegel* in *Torsten* oder Songtexte in die *Hellersdorfer Ballade* über das Leben von Brigitte und ihrer Tochter: *Asyl im Paradies* und *Schlaflied* von Silly (D 1996), *Casablanca* von City (DDR 1987), *Jede Stunde* von Karat (DDR 1982) und *Als ich mir wünschte, ein Kind zu sein* von den Puhdys (DDR 1976). Als ob Texte sich an Texte erinnern, von existierenden Texten träumen könnten, sie geradezu begehren könnten, sie mögen doch aufeinander folgen. Sich berühren. Miteinander in Berührung kommen.

Gewalt: Auch das ist selten: die Brutalität, von der die Texte so häufig berichten. Die ungeheure Gewalt, die immer wieder geschildert wird. Die enorme Deformation der Menschen im alltäglichen Umgang miteinander. Die Brutalität, die Gewalt, die Deformation werden in den Texten bloßgelegt. Wir lesen von Mord, Vergewaltigung, Exzess, Schlägerei, Vandalismus, Verrohung, bewaffnetem Überfall, häuslicher Gewalt. Diese Handlungen sind in aller Genauigkeit in eine literarische Form gefasst, manchmal als Lied, als Ballade, als Pastorale, gefasst in reimlose Verse mit Zeilensprüngen, in Rhythmus, Melodie und Metrum. In eine ruhige, geordnete literarische Form also, die Gewalt nicht dramatisiert, skandalisiert, als Sensation verpackt, kontextualisiert oder zu Spannungszwecken gebraucht. Es gibt in Trolles Texten keinen Spannungsbogen, keine Steigerung, keinen Höhepunkt, keinen plötzlichen Umschwung, keine Entspannung, keine Katastrophe. Die Gewalt wird ruhig, ausführlich und mit Distanz geschildert, in aller Genauigkeit. Ohne dramatisches Auf und Ab, ohne Zuspitzungen, einfach in ihrem Verlauf. Die gewählte beobachtende literarische Form des Berichtens ist unaufgeregt, langsam und präzise – scheinbar geradezu das Gegenteil der dargestellten Handlung in ihrer Dramatik. Sie bewirkt eine Entschleunigung, eine Verlangsamung des Handlungsverlaufs. Die Zeit gerät unter die Lupe. Slow Motion. Nicht unverwandt mit Adalbert Stifters Schreiben in seiner Sammlung von Erzählungen *Bunte Steine*. Erzählungen „für junge Herzen“: „sie sollen nur durch das wirken, was sie sind.“[15] Die Gewalt, die Brutalität, die Deformation im alltäglichen Miteinander geraten so erst in den Blick. Zwischen Schönheit und Grauen.

Beim Lesen, Abklopfen, Entdecken, Erfinden der Texte von Trolle erlebt man, dass Ängste, Wünsche und Hoffnungen benennbar und präzisierbar sind. In jedem Defekt sind sie gegenwärtig und zu entdecken.

Ist die Beschreibung der Ohnmacht der Beginn ihrer Überwindung?

Die Berichte, Schilderungen, Begebenheiten, von denen seine Texte Zeugnis ablegen, sind nicht in unserem üblichen ideologischen oder weltanschaulichen Rahmen angesiedelt, sie fallen heraus. Auch in diesem Sinne sind sie eine Bereicherung.

Unter der scheinbar ruhigen, unbewegten, glatten Oberfläche seiner Texte liegen Zerreißproben, schlafen gewaltige Eruptionen, ohne Sprache, stumm. Man spürt das Aufbegehren. Es sind unerhörte Schreie.

*

Vielleicht treffen die Worte, die Trolle über seinen Kollegen Uwe Kolbe schreibt, umso mehr auch auf Trolle selbst zu: „Aber was bleibt jemandem, der wie Lothar Trolle vom Himmel zumindest etwas ahnt, anderes übrig, als uns klar zu machen, wie es auf Erden nun wirklich zugeht.“[16]

Kindern kommen in Trolles Texten von Anfang an eine besondere Rolle zu.[17] Ihnen gilt seine zärtliche Aufmerksamkeit. Im (zwecklosen) Spiel scheinen sie zu sich selbst kommen zu können, im Spiel scheinen sie sich mit anderen verbinden zu können. Umstandslos. Was widerfährt den Kindern? Was müssen sie erleben? Ihre Unschuld ist ein unumstößlicher Maßstab, an dem sich einiges ermessen lässt. Sie steht in größtmöglichem Kontrast zu den beschriebenen Deformationen und Verletzungen im alltäglichen Umgang miteinander. Die bedrohte Kindheit, die bedrohte Unschuld. Was wird aus den Kindern?

Die Verhältnisse, in denen wir leben, bezeichnet Trolle einmal als „LANDSCHAFT EINER EWIGEN FREMDBESTIMMTEN KINDHEIT" – und wenn jemand es darauf anlegt, die Verhältnisse zu zeigen, „wie sie sind", kann er nicht umhin, „diese Zerrissenheit in den Mittelpunkt zu stellen".[18] Trolle ist der Maler dieser Landschaft der Zerrissenheit.

Ein Gedicht des von Trolle geschätzten sorbischen Dichters Kito Lorenc bringt die Begriffe „Kindheit" und „Heimat" in diesem Zusammenhang durch den überraschenden Übergang der zahlreichen Konjunktive ins Präsens vielleicht auf stimmige Art zusammen:

GINGE ICH NACH HAUS
Wäre das Haus noch da
Ginge ich in das Haus
wären die Eltern darin
Spräche ich zu den Eltern
wäre ich ein Kind
und Vater müsste in den Krieg
So hätte ich die Mutter allein
könnte ihr meine Schularbeiten zeigen
die ersten Buchstaben

die Wetterschatten der Bäume
die Schneeschlangen auf den Ästen

Über die Löwenzahnwiese im Mai
Unter den Ebereschendolden im Herbst
käme ich, von den Erdbeeren
oder Wasserrüben
Die Mutter hebt den Schürzenwinkel
und trocknet sich die Hände ab
Sie lächelt
schöner als die Sonne
und sagt etwas
nur für mich.[19]

Vielleicht sind einige von Trolles Texte auch einfach Lieder, die gesungen werden wollen, auch im Chor. Etwa wie Heinrich Heine in seinem Gedicht „Heimkehr I" aus dem *Buch der Lieder*, schreibt: „In mein gar zu dunkles Leben / Strahlte einst ein süßes Bild; / Nun das süße Bild erblichen, / Bin ich gänzlich nachtumhüllt. // Wenn die Kinder sind im Dunkeln, / Wird beklommen ihr Gemüt, / Und um ihre Angst zu bannen / Singen sie ein lautes Lied. // Ich, ein tolles Kind, ich singe / Jetzo in der Dunkelheit; / Klingt das Lied auch nicht ergötzlich, / Hats mich doch von Angst befreit."[20]

In einem Gespräch sagt Lothar Trolle: „Es gibt da ein ganz großartiges Modell von Tretjakow: Der hat 1928 in der *Prawda* einen Aufruf an alle Kinder der Sowjetunion gerichtet, am Mittwochnachmittag um drei in ihre Hosentasche zu fassen und rauszuholen, was da drin ist, und dann aufzuschreiben, wie das Betreffende in die Hosentasche gekommen ist. So entsteht ein richtiges Zeitbild. Also sowas heute zu erreichen, das wäre großartig."[21]

Es ist wichtiger, sagt Trolle einmal, welche Haltung der Himmel, das Universum zur Geschichte einnimmt, als was manche Menschen, egal welcher Couleur, für Gesichter dazu machen.

Es stellen sich ihm Fragen: „Was ist das eigentlich für ein Himmel, der sich da über uns wölbt. Und was wird eigentlich aus dem Himmel, dem die Erde abhanden gekommen ist.“[22]

In dem Zimmer, in dem Trolle schreibt, hängt an der Wand neben vielen anderen Bildern eine große, alte physikalische Landkarte für den Geografie- oder Geschichtsunterricht einer Schule. Sie zeigt den Nahen Osten, das Gelobte Land.

August 2023

1 Jürgen Becker, *Das Gedicht von der wiedervereinigten Landschaft*, Frankfurt: Suhrkamp 1988, S. 64.

2 Alle Texte bis einschließlich 2006 sind chronologisch geordnet enthalten in: Lothar Trolle, *Nach der Sintflut. Gesammelte Werke*, hg. von Tilman Raabke, Berlin: Alexander 2007.

3 Lothar Trolle, *Lebenslauf*, unveröffentlichtes Manuskript.

4 „Lothar Trolle und Kathleen Krenzlin im Gespräch. Es war völlig ungewohnt, wie er war", in: *Kontainer Berlin. Einar Schleef. Zeichnungen. Arbeitsheft II*, hg. von Kathleen Krenzlin, Berlin: Theater der Zeit 2013, S. 104–108.

5 Heiner Müller, *Krieg ohne Schlacht – Leben in zwei Diktaturen*, Köln: Kiepenheuer & Witsch 1992, S. 336.

6 Fritz Mierau, „Der Dramatiker T.", in: Lothar Trolle, *Hermes in der Stadt. Stücke*, hg. und mit einem Nachwort von Fritz Mierau, Berlin: Henschel 1991, S. 188.

7 Barbara Honigmann, „Das andere 1968", in: dies., *Unverschämt jüdisch*, München: Hanser 2021, S. 140.

8 Ebd., S. 141–142.

9 „Lothar Trolle und Kathleen Krenzlin im Gespräch".

10 Lothar Trolle, „Wenn einer Stücke schreibt", in: *Theater heute*, 1977, Nr. 3, S. 24.

11 Dazu: Lothar Trolle, *Zwei Komödien. Marionettenspiel / Greikemeier. Szenen zwischen Himmel und Erde*. Mit einem Nachwort von Axel Schalk. Pamphlete 21, Berlin: BasisDruck 2010.

12 Uwe Kolbe, Lothar Trolle und Bernd Wagner, „Mikado 1–12", in: *Mikado oder Der Kaiser ist nackt. Selbstverlegte Literatur in der DDR*, hg. von Uwe Kolbe, Lothar Trolle und Bernd Wagner, Darmstadt: Luchterhand Literaturverlag 1988, S. 7–10.

13 Hörspiele: 1986: *Jozia, die Tochter der Delegierten oder Die heilige Johanna der Wohnküche* nach einer Erzählung von Anna Seghers, Regie: Karlheinz Liefers (DDR), das 1987 mit dem internationalen Terre des Hommes-Kinderhörspielpreis ausgezeichnet wird; 1989: *Einer sitzt auf dem Sofa und sucht seinen Traum*, Regie: Otto Düben (SDR); 1991: *Ein Vormittag in der Freiheit oder Sie gestatten, Lehmann vorn mit L wie Lenin*, Regie: Karlheinz Liefers (Funkhaus Berlin); 1991: *Das Dreivierteljahr des David Rubinowicz oder Requiem auf einen Jungen, der nicht Radfahren lernte*, Regie: Karlheinz Liefers (Funkhaus Berlin / HR), das 1991 mit dem internationalen Terre des Hommes-Kinderhörspielpreis ausgezeichnet wird; 1992: *Wstawate, Lizzy, wstawate oder Manege frei für eine ältere Dame*, Regie: Karlheinz Liefers (DS Kultur / SFB); 1994: *Sie zu dritt unterm Apfelbaum*, Regie: Ulrich Gerhardt (DLF / DRS); 1995: *Belo-Russische Anthologie*, Regie: Ulrich Gerhardt (DLR); 1997: *Gott flaniert*, Regie: Klaus Buhlert (DLR / DRS); 1997: *Annas zweite Erschaffung der Welt oder Die 81 Minuten des Fräulein A.*, Regie: Jörg Jannings (SDR / DLR), das „Hörspiel des Monats“ wird und mit dem Hörspielpreis der Berliner Akademie der Künste ausgezeichnet wird; 1999: *Der Herbst der R. L.*, Regie: Ulrich Gerhardt (DLF / SWR); 2007: *Stern über Marzahn*, Regie: Klaus Buhlert (DLF); 2010: *Hans (im Glück)*, Regie: Götz Naleppa (RBB); 2013: *Judith*, Regie: Walter Adler (DLF); 2015: *Dshan*, nach Motiven des Romans von Andrej Platonow, Regie: Walter Adler (SWR), das 2015 von der Mainzer Akademie für Dichtung und Sprachpflege als „Hörspiel des Jahres“ ausgezeichnet wird; 2017: *Epitaph für Sally Epstein*, Regie: Wolfgang Rindfleisch (RBB).

14 Publikationen (Auswahl): *Hermes in der Stadt. Stücke*. Herausgegeben und mit einem Nachwort von Fritz Mierau. Mit sieben Zeichnungen von Horst Hussel, Berlin: Henschel 1991; *Das Klassenfenster. Dramolette, Prosa und anderes*. Mit Zeichnungen von Horst Hussel, Literaturbibliothek, Freising: Frisinger 1991; *Die 81 Minuten des Fräulein A. (Annas zweite Erschaffung der Welt)*. Mit 9 Zeichnungen von Silka Teichert und einem Gespräch mit Lothar Trolle, Berlin: BasisDruck 1995; *Das Prinzenmärchen*, Berlin: Dronte 1996; *Die Baugrube*, Berlin: Alexander 1996; *Nach dem Besuch eines Toten*, Berlin: Ludewig 1997; *Nach der Sintflut. Gesammelte Werke*, herausgegeben und mit einem Nachwort von Tilman Raabke, Berlin: Alexander 2007; *Zwei Komödien. Marionettenspiel / Greikemeier. Szenen zwischen Himmel und Erde*. Mit einem Nachwort von Axel Schalck. Pamphlete 21, Berlin: BasisDruck 2010.

15 Adalbert Stifter, „Vorrede“, in: ders., *Bunte Steine*, Stuttgart: Reclam 1994, S. 7.

16 Zitat aus: Uwe Kolbe, *Die sichtbaren Dinge*. Reihe Neue Lyrik – Band 17, hg. Von Jayne-Ann Igel, Jan Kuhlbrodt und der Kulturstiftung des Freistaates Sachsen, Berlin: poetenladen 2019.

17 Vgl. dazu auch Tilman Raabke, „Nachwort“, in: Trolle, *Nach der Sintflut*, S. 590.

18 Text von Lothar Trolle März 2010. Webseite des BasisDruck Verlags zu Lothar Trolles *Zwei Komödien*.

19 Kito Lorenc, „Ginge ich nach Haus“, in: ders., *Gedichte*. Ausgewählt und mit einem Vorwort versehen von Peter Handke, Berlin: Suhrkamp 2013, S. 95.

20 Heinrich Heine, „Heimkehr I“, in: ders., *Buch der Lieder. Heimkehr* (1823–1824).

21 „Ein Zettel, unter der Tür durchgeschoben. Lothar Trolle im Gespräch mit Sebastian Huber, vier Wochen vor der Uraufführung von *Die 81 Min. des Fräulein A.*“, in: Lothar Trolle, *Die 81 Min. des Fräulein A.*, Berlin: BasisDruck 1995, S. 46

22 Siehe: Text von Lothar Trolle, März 2010.